Hitlers Obersalzberg

Schauplatz der Weltgeschichte

Clemens M. Hutter

Der Autor

Clemens M. Hutter, Dr. phil. (Philosophie, Politologie, Soziologie), ist österreichischer Journalist und Schriftsteller. Schwerpunkte unter seinen rund drei dutzend Büchern sind Wirtschafts- und Sozialgeschichte. Mit seinen Publikationen über den faschistischen und den marxistisch-leninistischen Totalitarismus machte sich Hutter einen guten Namen. Davon zeugen auch zahlreiche Preise für journalistische und publizistische Leistungen.

Impressum

Griesstätterstraße 1, D-83471 Berchtesgaden

Printed in Germany
Gesamtherstellung: Berchtesgadener Anzeiger

ISBN 3-925647-14-7

Schauplatz der Weltgeschichte

Adolf Hitler: „Für mich war der Obersalzberg etwas ganz Herrliches geworden. Ich habe mich ganz verliebt in die Landschaft. Es sind die schönsten Zeiten meines Lebens. Meine großen Pläne sind dort entstanden.“

Und auch die Pläne zu beispiellosen Verbrechen.
Hitler hat auf dem Obersalzberg keineswegs nur Kinder gestreichelt, sondern die Angriffskriege auf Polen und die Sowjetunion ausgeheckt.

Er hat hier nicht nur Staatsmänner und Diplomaten empfangen, sondern auch die Annexion Österreichs und des Sudetenlandes sowie die Zerstörung der „Rest-Tschechei“ politisch orchestriert.

Hitler hat sich im Berghof nicht nur charmant eleganter Damen angenommen und als umsichtiger Hausherr vor Gastmählern sogar die Gedecke überprüft; hier stellte er vor hundert Industriellen auch seine Flucht in den Selbstmord in Aussicht, falls der Krieg verlorenginge.

Hitler hat auf dem Obersalzberg nicht nur mit Hunden gespielt und Rehe geherzt, hier gab er auch die Anweisung zur „Endlösung der Judenfrage“ - dem ersten industriell organisierten Massenmord der Geschichte, dem an die 6 Millionen Menschen zum Opfer fielen.

Hitler hat sich in den Obersalzberg nicht nur verliebt; er mißbrauchte ihn zur Selbstinszenierung als leutseliger Urlauber, als Tierfreund, als umgänglicher Gastgeber; er mißbrauchte ihn als propagandistisches Kontrastprogramm zum Massenmörder, Kriegsverbrecher und Hochverräter.

Auf dem Obersalzberg wurde niemand gefoltert, erdrosselt, erstochen, erschossen oder vergast; hier war weder Dachau noch Auschwitz; hier besudelte niemand seine Hände mit Blut.

So konnte der Obersalzberg zu Hitlers friedlichem Feriendomizil verniedlicht werden. Das war die perfekte Tarnung für den perfidesten Schreibtischtäter der Geschichte.

"Bringt doch endlich den Hund um!"

Eines milden Sommertages 1933 zeigte sich der frischgebackene Reichskanzler Adolf Hitler vor seinem Haus auf dem Obersalzberg den Kolonnen der Gläubigen und Gaffer. Da drängte ein SA-Mann derart ungestüm nach vorne, daß sich Hitlers Leibwächter diesen braun Uniformierten griffen. Im Verhör nannte er einen falschen Namen. Er trug keinen Ausweis bei sich, wohl aber eine entsicherte Pistole in der Hosentasche. Ein Verrückter oder ein wahnwitziger Attentäter? Motive und Schicksal dieses Mannes blieben unbekannt.

Bekannt ist hingegen, daß seit 1921 mindestens 40 Anschläge auf Hitler fehlschlugen. Hitler mißdeutete das stets als Wink der "Vorsehung", sein großes Werk zu vollenden.

Nicht geschützt hat die Vorsehung 1937 leider einen der beharrlichsten und abenteuerlichsten Jäger Hitlers, den Schweizer Theologiestudenten Maurice Bavaud. Er reiste Hitler fünf Wochen lang durch halb Deutschland nach, meldete sich als Untermieter in fünf Städten polizeilich an und fiel überall mit seinem schlechtem Deutsch auf. In München kaufte er eine Pistole samt Munition und veranstaltete in einem Wald sowie auf dem Ammersee so lange Schießübungen, bis diese Knallereien allgemein Anstoß erregten.

Bavaud gab sich in der Münchner Nazi-Parteizentrale als Journalist aus und bekam ohne jede Formalität einen Presseplatz auf der Ehrentribüne zu den traditionellen Feiern am 9. November. Bei diesem Aufmarsch zum Gedenken an Hitlers gescheiterten Putsch am 9. November 1923 in München wollte Bavaud den Führer niederschießen. Aber leider marschierte Hitler außer Schußweite auf den anderen Straßenseite vorüber.

Unverdrossen folgte Bavaud den Nazi-Größen nach Berchtesgaden. Dort erkundete er tagelang den Obersalzberg und Hitlers Tagesablauf. Mit dem stümperhaft gefälschten Brief eines französischen Naziführers erwirkte Bavaud tatsächlich den Einlaß auf dem Berghof. Hitler aber war unterdessen wieder abgereist. So beschloß Bavaud, aus Geldmangel vorerst einmal nach Hause zu fahren. Und weil seine Barschaft lediglich für eine Fahrkarte bis München reichte, fuhr er schwarz Richtung Basel weiter. Dabei ertappte ihn ein Schaffner und übergab ihn der Bahnpolizei. Diese reichte ihn - weil Ausländer - der Gestapo weiter, die sehr schnell Bavauds unglaubliche Geschichte beisammen hatte. So endete Bavaud nach einem Geheimprozess am Galgen. Hitler kam im Krieg einmal auf diesen "idealistisch gesinnten Attentäter" zu sprechen und er-

Der Gefreite Hitler im Ersten Weltkrieg. In Österreich war er als "untauglich" qualifiziert worden, worauf er sich in Bayern freiwillig zum Heer meldete. Sein Regiment bot ihm erstmals so etwas wie einen geregelten Beruf und die Geborgenheit in einer Gruppe. An der Westfront zeichnete sich Hitler als mutiger Meldegänger aus und erhielt dafür das Eiserne Kreuz

Bild: Bayerisches Haupt-Staatsarchiv, München

Als neuer Reichskanzler genoß Hitler 1933 sichtlich das Bad in der Menge auf dem Obersalzberg. Doch das Erfordernis, Hitlers Sicherheit zu gewährleisten, unterband schon sehr bald solche Szenen. Man möchte nicht meinen, daß dieser anscheinend so leutselige Mensch damals auch erklärte: "Wir müssen das gute Gewissen zur Grausamkeit wiedergewinnen (und so) unserem Volk die Gemütlichkeit und die Dämmerschoppenseligkeit austreiben.« *Bild: Baumann*

läuterte: Gegen solche Leute, die ihr Leben "rücksichtslos aufs Spiel setzen, ist kein Kraut gewachsen". So sei er vor Attentätern "nicht durch die Polizei, sondern durch ausgesprochene Zufälle gerettet" worden.
Das hatte den Generalstabschef Franz Halder bereits 1939 derart genervt, daß er im engsten Kreis von Hitler-Gegnern unwirsch hervorstieß: "Bringt doch endlich den Hund um!" Doch niemand erhob die Hand gegen jenen Mann, der durch unglaubliche Erfolge und die Allmacht der Gestapo nun dem Höhepunkt seiner Karriere zustrebte. Halder hatte ständig Zugang zu Hitler und nahm dorthin immer wieder eine geladene Pistole mit. Gezogen hat er sie nie.
Abwehrchef Wilhelm Canaris, eine später liquidierte Schlüsselfigur in der Verschwörung gegen Hitler, brachte dieses Zaudern auf den Punkt: "Wir haben niemanden, der die Bombe wirft, um unsere Generäle von ihren Skrupeln zu befreien." Skrupel wegen des Fahneneids.
Am 11. März 1944 führte auf dem Obersalzberg wieder ein Zufall Regie. Rittmeister Eberhard von Breitenbuch sollte die Generalfeldmarschälle Busch, Jodl und Keitel als Ordonnanz zur Lagebesprechung bei Hitler begleiten. Er trug in der Linken Buschs Aktenmappe, in der Hosentasche eine entsicherte Browning und im Herzen nicht die mindesten Skrupel, Hitler umzulegen. Doch im Vorraum wurde Breitenbuch von SS-Wachen überraschend mit der Begründung abgewiesen, daß die Ordonnanzen heute keinen Zutritt bekämen. So zitterte der Rittmeister dem Ende der Lagebesprechung entgegen - zwischen SS-Leuten und in der Hosentasche die Pistole.

Auf den Tag vier Monate später überlebte Hitler nur dank einer völlig ungewohnten Schlamperei des SS-Chefs Heinrich Himmler. Dieser versäumte nämlich eine Konferenz mit dem Führer und dem Luftwaffenchef Hermann Göring auf dem Obersalzberg.
Zum Vortrag über die schwindenden Reserven der Wehrmacht war Oberst Schenk Graf von Stauffenberg bestellt, Stabschef des Ersatzheeres. Dieses sollte u. a. die "innere Front" sichern; etwa gegen Aufruhr von 1,9 Millionen Kriegsgefangenen oder 5,7 Millionen ausländischen Zwangsarbeitern (zusammen einem Viertel der Arbeitskräfte in Deutschland).
Seit langem Kopf der Verschwörer gegen Hitler, trug Stauffenberg in seiner Tasche die offiziellen Papiere und eine Bombe in den Berghof. Weil Himmler unerwartet fehlte, fragte Stauffenberg telephonisch in Tarnsprache bei Mitverschwörern in Berlin an, ob er die Bombe zünden solle. Die Antwort lautete "nein", man wolle doch alle drei zusammen töten.
Dazu kam es nicht mehr. Stauffenbergs Attentat am 20. Juli 1944 in Hitlers masurischem Hauptquartier "Wolfsschanze" schlug fehl, die Verschwörung flog auf und an die 2000 Gegner Hitlers wurden umgebracht. Hitler streckte erst die Kugel aus einer Waffe nieder, die er am 30. April 1945 im Bunker unter den Trümmern der Berliner Reichskanzlei auf sich selbst gerichtet hatte. So endete eine diabolische Karriere, die mit sozialem Abstieg begonnen hatte.
Hitler wurde 1889 in der österreichischen Grenzstadt Braunau am Inn als Sohn eines Zollbeamten geboren. In der Realschule (= Gymnasium ohne Latein und Griechisch) fiel er zweimal durch, bekam in "Fleiß" meist eine 4 (unter fünf Noten) und brach als 16jähriger die Schule ab. Früh verwaist, lebte er in schließlich in Wien von einer Rente zwischen 550 und 700 Mark (Geldwert 1996). Die Zeit vertrieb er mit ziellosem Müßiggang, dilettantischer Malerei, Architekturskizzen und Schwärmerei für Wagner-Opern. 1907 fiel Hitler auch durch die Aufnahmeprüfung für die Wiener Kunstakademie, die er als akademischer Maler und Architekt hätte beenden können. (Wäre dann der Welt die braune Katastrophe erspart geblieben?) Da nun der Weg zum "Neigungsberuf" verbaut war, lehnte der stets adrett gekleidete, jedoch eigenbrötlerische und kontaktarme Hitler einen "Brotberuf" ab. Also hauste er bis 1913 in Wien in ärmlichen Zimmern und schäbigen Männerheimen. Gelegentlich verkaufte er Aquarelle. Daran belustigte ihn einmal 1943 beim Mittagstisch auf dem Obersalzberg, daß diese dilettantischen Arbeiten nun auf dem Markt für den "verrückten" Preis von 1400 und mehr Mark (Geldwert 1996) an den Mann gingen.

Der 32jährige Hitler 1921 als Führer der kleinen Nazipartei. Sein selbstbewußter Stil als Parteichef: „Ich führe die Bewegung allein, Bedingungen stellt mir niemand, ich trage die Verantwortung restlos für alles." Neun Jahre später wird er verkünden: „Somit proklamiere ich jetzt für mich und meine Nachfolger in der Parteiführung den Anspruch auf politische Unfehlbarkeit." *Bild: Staatarchiv*

Hitler wertete seine Erfolge sowie den Fehlschlag von rund 40 Attentaten als Fingerzeig der „Vorsehung", daß er zum Herrscher über Europa ausersehen sei. Deshalb agitierte die NSDAP mit abstoßenden Propagandabildchen wie diesem aus den später Zanzigerjahren. Als Begleittexte stand darunter das Hitler-Zitat: „Herr segne unseren Kampf!" *Bild: Staatsarchiv*

Hingegen fraß sich Hitler in Wien mit Feuereifer durch Rassentheorien, politische Pamphlete, Waffentechnik und Richard Wagners Traktate über das Germanentum. So "entdeckte" er auch die Juden als "verkommenstes Sauzeug, das zusammengeschlagen gehört". Er begann - für einen sozialen Absteiger in der Donaumonarchie charakteristisch - das Wiener "Rassenkonglomerat und Völkergemisch" zu hassen; diese Metropole eines Vielvölkerstaates qualifizierte er als "die Verkörperung der Blutschande".

1913 entzog sich Hitler der militärischen Stellungspflicht durch die Übersiedlung nach München. Dort widerfuhr ihm die Schmach, daß ihn das österreichische Konsulat als Fahnenflüchtigen von der Kriminalpolizei vorführen ließ. Es ging aber glimpflich ab. Zwar mußte er sich im Februar 1914 in Salzburg der Musterung unterziehen, aber der Arzt befand ihn "zum Waffen- und Hilfsdienst untauglich, zu schwach". (Nach der Annexion Österreichs 1938 hetzte Hitler die Gestapo zur Jagd auf solche Dokumente und auf Leute, die ihn als sozial Deklassierten kennengelernt hatten.)

Trotzdem kam Hitler nach Ausbruch des Ersten Weltkrieges als Freiwilliger in einem bayerischen Regiment unter. Mit 25 Jahren erhielt also dieser ungelernte Einzelgänger erstmals so etwas wie eine berufliche Aufgabe, ein Zuhause und Geborgenheit unter Kameraden - mit Vorbehalt freilich, den zwei bemerkenswerte Mängel nahelegen: Von Hitler sind nur vier "Du"-Freundschaften bekannt (er hatte ein Leben lang statt Freunden nur Anhänger!), und es gibt von ihm keinen persönlich gehaltenen Brief (sogar seiner Lebengefährtin Eva Braun schrieb er in geschäftsmäßigem Ton).

Nach dem Urteil seiner Vorgesetzten brachte es Hitler im Ersten Weltkrieg (1914-1918) "mangels entsprechenden Führereigenschaften" bloß zum Gefreiten. Hingegen habe er sich in Gefechten "glänzend bewährt. Als Meldegänger leistete er Vorbildliches an Kaltbütigkeit und Schneid und war stets freiwillig bereit, Meldungen selbst bei Trommelfeuer unter größter Lebensgefahr durchzubringen." Dafür bekam er auf Vorschlag des hoch dekorierten jüdischen Regimentsadjutanten Hugo Gutmann die für niedrige Dienstgrade sehr seltene Auszeichnung mit dem Eisernen Kreuz I. Klasse. Aus dem Krieg zog Hitler allerdings die Lehre, daß nur brutale Selbstbehauptung und nicht Humanität das Überleben sichere.

Den Zusammenbruch von 1918 erlebte Hitler - zeitweilig durch Giftgas erblindet - in einem Lazarett, in dem er aus Empörung und Enttäuschung nun "beschloß, Politiker zu werden". Die Chance dazu kam wenig später in München, wo Hitler für sein Regiment Bürokram erledigte und eine Weile sogar sozialistische Ideen propagierte. Da fiel er einem Offizier als wortgewandter und mitreißender Debattierer im Kreis seiner Kameraden auf. So wurde er auf demokratisch-links orientierten (!) Schnellsiedekursen für die politische Bildung von Rekruten vorbereitet und u. a. auch zur "Beobachtung" auf Versammlungen geschickt, die dutzende politische Grüppchen im revolutionär gestimmten München geradezu massenhaft veranstalteten.

Dabei stieß Hitler schließlich auf die "Deutsche Arbeiterpartei", wurde ihr siebtes Mitglied, riß nach seiner Entlassung aus der Armee als geschickter Taktiker die Führung dieser Partei an sich und behielt sie, indem er seine Genossen beständig vor die Wahl zwischen seiner uneingeschränkten Führung oder seinem Parteiaustritt stellte.

Das wollte die mittlerweile auf "Nationalsozialistische Deutsche Arbeiterpartei" (NSDAP) umbenannte Gruppe nicht riskieren. Immerhin angelte Hitler in Bierzelten und Gaststuben viele Anhänger mit wüsten Wortorgien gegen Verräter, Sozialisten, Juden und Plutokraten, denen er allesamt die "Abrechnung" androhte. Das war nun eine neue Heimat für den 32jährigen Hitler. Zwar gab er sich immer noch als "Schriftsteller" oder "Kunstmaler" aus, doch vorüber war die Zeit, da ihn ein Kriegskamerad so beschrieb: "...wie ein müder streunender Hund, der einen Herrn sucht."

Als taktisch und organisatorisch wirkungsvoller Demagoge setzte Hitler politische Leidenschaft mit unerhörter Rednergabe um und fesselte seine Zuhörer. Sein nie verschleierter Zweck: "Ich kann die Masse nur führen, wenn ich sie aus ihrer Apathie herausreiße. Nur die fanatisierte Masse wird lenkbar. Eine Masse, die apathisch und dumpf ist, ist die größte Gefahr für jede Gemeinschaft."

Hitlers "positive" Eigenschaften entsprachen seiner Lieblingsvokabel "eiskalt": Willenkraft, Wagemut, Zähigkeit. Ungleich kälter waren seine negativen Eigenschaften: rücksichtslos, rachsüchtig, treulos, grausam.

So urteilte damals der Schriftsteller Kurt Tucholsky über Hitler ebenso treffend wie politisch falsch: "Den Mann gibt es gar nicht; er ist nur der Lärm, den er verursacht."

Gleich Tucholsky verkannten viele kluge Leute Hitlers monströse Sonderbegabung für rhetorische Überwältigung so lange, bis es zu spät war: Nach der "Machtergreifung" am 30. Januar 1933 inszenierte Hitler die Theatralik der Aufmärsche und das Schauspiel militärischer Gewalt mit skrupelloser taktischer Wendigkeit. Konstante Größen in seinem politischen Blickfeld aber blieben der Osten als deutscher Lebensraum, der Antisemitismus, der Antimarxismus und eine darwinistische Kampfideologie („Recht des Stärkeren"), die der germanischen Herrenrasse die Weltherrschaft zuspricht.

Die Jahre des wirtschaftlichen Aufschwungs von 1924 bis 1929 reduzierten Hitler tatsächlich zur lärmenden Null. Die Chancen für sein demagogisches und organisatorisches Talent kamen bei wirtschaftlichem Schlechtwetter - in der verheerenden Inflation nach dem Ersten Weltkrieg und in der Weltwirtschaftskrise, die nach 1929 Millionen Arbeitslose auf die Straße setzte. Beide Male fragten die Menschen nach den Schuldigen für das Elend - Hitler lieferte sie ihnen: Juden, Kriegsgewinnler, Sozialisten, Kommunisten. Beide Male forderten die Menschen Arbeit und Brot - Hitler versprach es ihnen. 1945 blieb davon ein Trümmerfeld.

„Wir werden weiter marschieren, bis alles in Scherben fällt, denn heute gehört uns Deutschland und morgen die ganze Welt." Die Geschichte fügte es anders, als dies das beliebte Marschlied der Nazis angekündigt hatte: Hitlers Berghof im Mai 1945. *Bild: Staatsarchiv*

Die Pension „Moritz". Hier stieg Hitler 1923 bei seinem ersten Besuch Berchtesgadens ab und begeisterte sich an der großartigen Rundsicht. Dieses Haus, später in „Platterhof" umbenannt, war damals eine von sechs komfortablen Herbergen auf dem touristisch längst geschätzten Obersalzberg. Davon zeugten ein Sanatorium für Kinder und elf Villen nobler Städter. Im „Moritz" hatten u.a. Freud, Brahms und Schnitzler Urlaube verbracht. 1936 requirierten die Nazis den „Platterhof" für einen Spottpreis und bauten ihn zum „Volkshotel" um. Dieses überstand 1945 den Bombenangriff und wurde bis 1995 von den Amerikanern als „Hotel General Walker" betrieben. *Bild: Archiv Dr. Feulner*

Bis 1936 diente das Sträßchen von Berchtesgaden zum Obersalzberg im Winter als „Holzführweg", Rodelbahn und Skiabfahrt. Das endete schließlich abrupt mit dem größenwahnsinnigen Ausbau und der Sperre des „Führergeländes".
Bild: Archiv Dr. Feulner

Gegen Ende der Zwanzigerjahre wurde der Bau einer Zahnradbahn ab Berchtesgaden erwogen, um den Obersalzberg für den Skisport zu erschließen. Der Voranschlag riet dann aber zur Sparvariante mit „Raupenautos", wie sie damals einige Jahre auf dem Radstädter Tauern und auf Schweizer Paßstraßen eingesetzt wurden. So ein Gefährt hatte 10 Sitzplätze und schaffte mit 50 PS auf der Ebene 55 km/h und im Schnee Steigungen bis zu 40 Prozent. Die Fahrt auf den Obersalzberg - 400 Höhenmeter und 4 Kilometer - dauerte 30 Minuten und kostete nach dem Geldwert von 1996 stolze 35 Mark.

Bild: Archiv Dr. Feulner

„Herr Wolf“ taucht auf

„Das ist mein junger Freund Herr Wolf“, so stellte Hausgast Dr. Hoffmann eines Aprilmorgens 1923 den Besitzern der Pension „Moritz“ (später Hotel „Platterhof“) auf dem Obersalzberg einen Mann vor. Dieser war tags zuvor erstmals nach Berchtesgaden gekommen, noch nachts den Obersalzberg hinaufgestiegen und von Dr. Hoffmann in einem Zimmer untergebracht worden. An diesem strahlenden Morgen hatte Herr Wolf soeben den Rundblick von dieser Pension

Aufmarsch der noch bunt zusammengewürfelten "Sturmabteilung" (SA) beim Nazi-Parteitag 1923. Der SA oblag anfangs der Schutz von Hitlers öffentlichen Auftritten. Doch sehr bald entwickelte sich die SA zu einer gefürchteten Schlägertruppe, die Veranstaltungen anderer Parteien brutal sprengte und Hitler mißliebige Personen hemmungslos einschüchterte. Erst später löste sich aus der SA die „Schutzstaffel" (SS), die für Hitlers persönliche Sicherheit verantwortlich war. Der Aufstieg der SS begann erst 1934, als Hitler unter dem Vorwand einer SA-Verschwörung jegliche innerparteiliche Konkurrenz liquidierte. Daraufhin sank die SA zur Bedeutungslosigkeit ab. *Bild: Staatsarchiv*

Das idyllische Haus Wachenfeld in Traumlage auf dem Obersalzberg. Hitler erwarb schließlich dieses Haus und ließ es später mit gewaltigem Aufwand zu einer Art zweiten Regierungssitz ausbauen, der dann aber „Berghof" hieß. Man beachte das Küchengärtchen vor dem Haus und die Bleichwäsche auf der Wiese. Rechts im Bild Hitler auf dem Weg zu seinem Pkw. *Bild: Staatsarchiv*

aus über das Berchtesgadener Land als „herrlich, wunderbar, unbeschreiblich" bewertet.

Just dieser Lage wegen schätzten längst schon prominente Leute das Haus „Moritz". Beispielsweise hatte hier im Sommer zuvor der Wiener Professor Sigmund Freund mit seiner Familie geurlaubt und mit dem Wiener Arzt und Dichter Arthur Schnitzler die Eheprobleme des Wiener Komponisten Gustav Mahler erörtert.

Zu Mittag lud Dr. Hoffmann Herrn Wolf aus Österreich auf „ein richtiges Gulasch" zum „Türkenwirt", fünf Gehminuten bergab vom „Moritz". Dort führte er seinen Freund abermals als „Herrn Wolf" ein. Daß die Wirtsleute offenkundig den „Herrn Doktor" gut kannten, beunruhigte Herrn Wolf sichtlich. Doch der „Herr Doktor" beschwichtigte: „Hier oben gibt es keine Verräter!"

Hinter Dr. Hoffmann verbarg sich nämlich Dr. Dietrich Eckart, ein nationaler Schriftsteller mit aggressiv-ätzender Feder, Bohemien, Freund des Alkohols, derber Antisemit, Übersetzer Ibsens, Nationalsozialist der ersten Stunde, Chefredakteur der Nazi-Zeitung „Völkischer Beobachter" und als geistreicher Kopf geschätzt in Münchens besten Kreisen.

Diesen Eckart suchte die Polizei wieder einmal wegen wüster Schmähung. Diesmal hatte Eckart gegen den sozialdemokratischen Reichspräsidenten Friedrich Ebert gegeifert. Einflußreiche Gesinnungsfreunde hatten Eckart aber in einem requirierten Militär-Pkw aus München heraus zu einem „kostspieligen Schlupfwinkel" in Berchtesgaden geschmuggelt - eben zum „Moritz". Notfalls wäre es von dort auch nur ein Katzensprung nach Österreich hinüber.

Herr Wolf, wegen hemmungsloser Agitation gegen den Staat längst polizeibekannt und nach einer stümperhaften „revolutionären Aktion" samt Landfriedensbruch in München ein Jahr vorher zu sechs Wochen Haft verdonnert, war auch inkognito zu Eckart auf den Obersalzberg gekommen. Der Mann hieß nämlich Adolf Hitler und verehrte den um 21 Jahre älteren und umfassend gebildeten Eckart als geistigen Mentor und als Meister der geschliffenen Umgangsformen.

Im Januar 1941 gab Hitler in nächtlicher Kaminrunde Details von seinem ersten Besuch auf dem Obersalzberg zum Besten: Die Gäste in der Pension hätten ihn „Wolf" genannt. Niemand habe ihn erkannt, weil von ihm noch keine Fotos in den Zeitungen erschienen waren. „Das war für mich die schönste Zeit!"

In Berchtesgaden freilich endete das Inkognito ein paar Tage später. Für den „deutschen Tag" 1923 war Hitler nämlich als Redner angekündigt. In der Pension herrschte darob Aufregung, weil die annähernd 50 Gäste unbedingt Hitlers Auftritt sehen wollten. Deshalb wurde sogar das Essen vorgezogen. Als Hitler dann zum Festakt erschien, erlebte er „das Tollste: Vor mir saß meine ganze Pension". Hinterher freilich „war das Leben in der Pension für mich zerstört, denn alle, die vorher über mich geschimpft hatten, haben sich geniert".

Fortan kam Hitler immer wieder nach Berchtesgaden, besonders zur Entspannung nach aufreibenden Reisen zu den Parteiorganisationen in ganz Deutschland oder zur Vorbereitung auf große Aktionen. So bekannte er später auch seiner Tafelrunde: „Für mich war der Obersalzberg etwas ganz Herrliches geworden. Ich habe mich ganz verliebt in die Landschaft. Es sind die schönsten Zeiten meines Lebens. Meine großen Pläne sind dort entstanden." Doch alsbald kam eine scharfe Zäsur. Am 9. November 1923 riskierte Hitler mit seiner bereits bewährten brau-

Ein berühmtes Bild aus Hitlers Festungshaft in Landsberg. Wegen seines blutigen Putschversuchs am 9. 11. 1923 in München wurde Hitler zu fünf Jahren Festungshaft verurteilt, doch schon nach neun Monaten entlassen. Einflußreiche Freunde sorgten für komfortable Haft. So durfte Hitler (links) beliebig Besuche empfangen und seinem Sekretär Rudolf Heß (Zweiter von rechts) das programmatische Buch „Mein Kampf" in die Schreibmaschine diktieren. *Bild: Staatsarchiv*

nen Schlägerbrigade SA („Sturmabteilung") und anderen nationalistischen Grüppchen in München die „nationale Erhebung" gegen die bayerische Staatsregierung. Aber der Putschversuch mit einem großspurigen „Marsch zur Feldherrnhalle" endete knapp vor dem Ziel an einer militärischen Sperre mit einer Schießerei und einem Fiasko: 14 Getreue Hitlers und drei Polizisten fielen, die Marschkolonne aber zerstob in wilder Flucht.

Auch Hitler suchte das Weite, behindert freilich durch einen schmerzenden Arm, den er sich bei einem Sturz ausgekegelt hatte. Bei Bekannten 50 km südlich von München tauchte er unter. Dort wurde seine Schulter verarztet und fieberhaft versucht, bei Freunden einen Pkw zur Flucht über Berchtesgaden und den Obersalzberg nach Österreich aufzutreiben. Die Polizei war aber schneller und machte Hitler dingfest.

Den folgenden Hochverratsprozess funktionierte nun Hitler geschickt in eine Tribüne für politische Propaganda um; die Richter aber ließen ihn gewähren - und mit fünf Jahren Festungshaft sehr billig davon kommen. Noch gütiger gab sich der Staat nach einer herben Wahlniederlage der Nazis: nach nur neun Monaten der ungewöhnlich komfortablen Haft, in der Hitler seinem Sekretär Rudolf Heß das wirr-programmatische Buch „Mein Kampf" diktiert hatte, wurde er entlassen.

Hinterher aber höhnte der gescheiterte Putschist: „Landsberg war meine Hochschule auf Staatskosten. Ich erkannte die Richtigkeit meiner Anschauungen und wurde zufrieden angesichts des ganzen widerspruchsvollen heuchlerischen Wissensgutes der Professoren und Universitätspfaffen überhaupt. Im übrigen ist Wollen mehr als Wissen."

Aus diesem arroganten Selbstverständnis eines Halbgebildeten bezog Hitler den Anspruch auf das uneingeschränkte Führerprinzip in Partei und Staat: „Ich führe (die Partei) allein, und Bedingungen stellt mir niemand, solange ich persönlich die Verantwortung restlos für alles trage." Die Nazipartei aber bekam an jenem 9. November 1923 ihre „Bluttaufe", ihre Märtyrer und den Anlaß, alljährlich Feiern zu inszenieren, die nur von den Reichsparteitagen in Nürnberg an Pathos und Aufwand übertroffen wurden.

Hitler fand damals mehr Zeit für Berchtesgaden, als ihm recht war. Wegen seiner rhetorischen Exzesse und den Gewalttaten der SA hatte ihn wieder einmal ein Redeverbot buchstäblich politisch entwaffnet. Zudem hing immer noch das Damokles-Schwert der Ausweisung als unliebsamer Ausländer über Hitler. Trotz seiner Übersiedlung nach München 1913 war er Österreicher geblieben - sogar als Freiwilliger in der deutschen Armee. 1922 erwog das bayerische Innenministerium, diesen notorischen Krawallmacher und demagogischen Aufwiegler nach Österreich auszuweisen. Es kam aber nicht dazu; ausgerechnet die SPD drang nämlich mit einem geharnischten Einspruch gegen so eine Verletzung demokratischer Grundsätze durch. Als Dank bekämpfte Hitler die SPD sein Leben lang bis aufs Blut.

Allerdings betrieb Hitler nun nachdrücklich seine Ausbürgerung aus Österreich mit der Begründung, er sei „behufs Erlangung der deutschen Reichsangehörigkeit aus dem Staatsverband ausgeschieden". Die Behörden in Linz genehmigten diesen Schritt für umgerechnet 51 Mark (Geldwert 1996). Diese Bagatelle machte Weltgeschichte wie Hitlers Scheitern bei der Aufnahmeprüfung in die Wiener Kunstakademie: Ohne deutsche Staatsbürgerschaft hätte ihm nämlich das aktive und passive Wahlrecht in Deutschland gefehlt.

Nach der Haft in Landsberg mietete sich Hitler eine Weile im Berchtesgadener „Deutschen Haus" ein und schrieb dort am zweiten Teil von „Mein Kampf". In diesen augenscheinlich unbeschwerten Tagen erlebte der mittlerweile 36jährige Mann seine erste Liebe - mit einer Minderjährigen. Denn gegenüber dem Hotel betrieben die beiden Töchter des Berchtesgadener SPD-Mitbegründers Reiter ein Modengeschäft. Mit der jüngeren, der 17jährigen Mitzi, bandelte Hitler beim Ausführen seines Hundes „Wolf" im Kurpark so erfolgreich an, daß Mitzi 1927 aus Eifersucht einen Selbstmordversuch unter-

Hitlers Wohnzimmer im alten Haus Wachenfeld. Kachelofen, Vertäfelung, Fleckerlteppiche und die Sitzrunde im flachen Erker vermitteln Behaglichkeit. Beachtenswert links in der Ecke das hochmoderne Radio. *Bild: Baumann*

nahm. Als sich Hitler dann anderen Frauen zuwandte, fand Mitzi schließlich ihr Glück mit einem prominenten Nationalsozialisten.
Über das Schlüsselereignis jener Zeit erzählte Hitler später seiner Kaminrunde: Täglich sei er zum Obersalzberg hinaufgewandert. „Auf einmal höre ich von jemandem, das Haus Wachenfeld sei zu vermieten. Etwas Schöneres, sagte ich mir, kann es nicht geben."
Dieses einfache Haus gehörte der Witwe des Lederfabrikanten Winter aus Buxtehude und hieß nach dem Mädchennamen der 84jährigen Dame „Wachenfeld". Spornstreichs eilte Hitler zu Frau Winter: „Ich hab´ gehört, daß Sie vermieten wollen." Winter: „Sie sind Herr Hitler? Wir gehören auch zu Ihnen. Wir sind Parteigenossen!" Hitler: „Das ist wunderbar, kann ich das ganze Haus das ganze Jahr mieten? Was kostet es?" Winter: „Ja, ich weiß nicht, ob Ihnen das zu viel ist, 720 Mark im Monat (Geldwert 1996)." Hitler: „ Sofort! Und für den Fall, daß Sie es hergeben, ein Vorkaufsrecht für mich." Die betagte Dame daraufhin: „Sie nehmen uns eine kolossale Sorge weg! Wir können mit dem Häusl nichts mehr anfangen."
8640 Mark Jahresmiete verkraftete Hitler mühelos. Denn schon im ersten Jahr (1925) brachte ihm „Mein Kampf" mindestens 30.000 Mark (Geldwert 1996) ein, und der Verkauf stieg mit der wachsenden Zahl der Parteigenossen.
So bat Hitler nun seine verwitwete Halbschwester Angela Raubal aus Wien herbei, um das Haus „Wachenfeld" zu führen. Sie kam „und wir sind sofort eingezogen. Es war so wunderbar!

Das erste Weihnachten war herrlich da oben." Damit sich Angela sicher fühle, schaffte ihr Hitler noch zwei Schäferhunde an.
Monate später führte wieder ein Zufall Regie - Hitler kam in Buxtehude ausgerechnet am Tag nach dem Brand der Lederfabrik Winter vorbei, um über den Umbau und vielleicht auch den Kauf des Hauses „Wachenfeld" zu verhandeln. Nach Hitlers Schilderung war Frau Winter perplex: „Ich fasse es als ein Glück auf, daß Sie heute (nach dem Brand) gekommen sind. Wissen Sie, es gibt doch eine Gerechtigkeit." (Hitlers spätere Erläuterung dazu: „Die Fabrik war der Frau in der Inflationszeit von zwei Juden abgehandelt worden.") Dann wandte sich die Tochter ihrer Mutter zu: „Herr Hitler möchte das Haus auf dem Berg kaufen." Winter: „Heut´, weil´s so ein Glückstag ist, da bin ich einverstanden." Es dauerte aber noch bis zum 26. Juli 1933, ehe das Haus für knapp 300.000 Mark (Geldwert 1996) in Hitlers Besitz überging und zum Schauplatz von weltgeschichtlicher Bedeutung aufrückte.
Hitlers Architekt Albert Speer beschrieb dieses Haus kurz vor den Umbauten so: „Kleines gemütliches Holzhaus mit weit überstehendem Dach und fünf bescheidenen Räumen. Die Möbel entstammten altdeutscher Heimattümelei und gaben ihnen das Gepräge behaglicher Kleinbürgerlichkeit. Ein vergoldeter Käfig mit einem Kanarienvogel, ein Kaktus und ein Gummibaum verstärkten diesen Eindruck noch."
Hitlers Auslandspressechef Putzi Hanfstaengl hingegen fiel auf: „Ein paar einfache Bücherregale, überraschenderweise in der Mehrzahl Wildwestromane von Karl May."

Der parteiamtliche Begleittext zu diesem Photo von einer Rast Hitlers lautete: „Ein Anspruchsloser. In wenigen Stunden werden ihm Zehntauende begeistert zujubeln." Die kulinarische Anspruchslosigkeit des Vegetariers und Antialkoholikers Hitler war sprichwörtlich. Sie wurde von der Propaganda als Vorbild in harter Kriegszeit hingestellt. Kaum zu glauben, daß dieser Mann folgenden Satz sagte: „Zweierlei Dinge vermögen die Menschen zu vereinigen: Gemeinsame Ideale und gemeinsame Gaunerei."

Bild: Staatsarchiv

Zehn Quadratkilometer „Führergelände“

Für den Reichskanzler Hitler reichte diese kleinbürgerliche Idylle des Hauses „Wachenfeld“ nicht mehr. Gleich nach dem Kauf 1933 wurde das Haus um eine Terrasse, einen Wintergarten und Garagen erweitert. 1935/36 baute schließlich der Münchner Architekt Alois Degano „Wachenfeld“ auf viermal größerer Grundfläche nach Hitlers Skizzen zum pseudoalpin-herrschaftlichen „Berghof“ mit 30 Räumen um. Technisches Glanzstück war das 8 mal 4 m große versenkbare Fenster in der Halle, das den Blick auf das großartige Panorama zwischen Hochkalter und Salzburg freigab.

Auch diese Baukosten bestritt der Führer locker aus eigener Tasche. Immerhin erklärte er 1933 dem Fiskus ein Einkommen von 8,5 Mill. Mark (Geldwert 1996), darüber hinaus bezog er sein Kanzlergehalt von rund 420.000 Mark.

Hitler machte den Obersalzberg zum Wallfahrtsort der Genossen und Gaffer, weshalb die Bettenkapazität der Region allein von 1933 auf 1934 um 4323 auf 10.540 stieg. In Prozessionen wurden die Menschen unterhalb von „Wachenfeld“ vorbeigeführt. Wenn der Führer Zeit hatte, stellte er sich offenkundig sehr gerne in Zivil dem Händeschütteln und den Kameras. Beanspruchten aber höhere Aufgaben oder Ruhebedürfnis seine Zeit, dann mußten sich die Menschen mit einem Blick auf Hitlers Domizil jenseits der Rufweite bescheiden. Und die Wachen setzten das Verbot durch, daß „ständig jede Bewegung des Volkskanzlers mit dem Feldstecher beobachtet wird“.

Sogar in Salzburg schritt die Polizei gegen Leute ein, die von der Festung oder den Stadtbergen aus mit Fernrohren den Obersalzburg in Augenschein nahmen: Dies störe die Privatsphäre des Führers.

Die Idylle auf dem Obersalzberg hatte der bescheidenen touristischen Erschließung durch den Bau der Pension „Moritz“ (später „Platterhof“) 1877 durchaus noch standgehalten. Angezogen von Szenerie und gesundem Höhenklima, stie-

Ab 1933 trieb Hitler mit Gestapo und KZ jedermann die Lust zu Karikatur und Opposition gründlich aus. In der Weltwirtschaftskrise ab 1929 hatte Hitler dem wachsenden Heer der Arbeitslosen das Blaue vom Himmel versprochen. Darauf nimmt dieses Plakat Bezug. Ab 1941 sollte es allerdings noch viel schlimmer kommen. Bild: Staatsarchiv

gen dort u. a. Clara Schumann, Johannes Brahms, Peter Rosegger oder Ludwig Ganghofer ab. Das änderte sich nun zwangsläufig, weil der Obersalzberg nach den Plänen der Nazipartei „in aller Zukunft Wallfahrtsort des deutschen Volkes“ bleiben und obendrein den Erfordernissen einer Mischung aus zweitem Regierungssitz, Ferienhaus und Lustschloß genügen sollte. (Weshalb auch in Ainring bei Reichenhall schon 1933 ein Flughafen ausschließlich für den Bedarf von Regierung, Partei und den täglichen Kurierdienst gebaut und später dem Flugzeugwerk Ainring zur Verfügung gestellt wurde.)

Bereits im Sommer 1933 mußte der unterdessen

vom Wirtshaus zum Hotel gemauserte „Türke" wegen des viel zu geringen Respektsabstandes von gut 100 Metern zum Berghof schließen. Sein Besitzer aber, ein harmloser Parteigenosse aus der brauen Gründerzeit, wurde als Opfer einer üblen Verleumdung ohne Entschädigung enteignet. Das Haus aber wurde wegen seiner Nähe zum Berghof erst für die Wachmannschaften der SS und später für den Sicherheitsdienst der Nazis adaptiert.
Ein 3 km langer Zaun umschloß das „Führergelände", das Gäste gelegentlich als Freigehege für politische Raubtiere bewitzelten. Es war nur durch zwei bewachte Tore zu betreten und wurde später weiträumig durch einen fast 10 km langen Zaun doppelt gesichert.
Was fürderhin auf dem Obersalzberg geschah, tanzte nach Martin Bormanns Pfeife. Dieser allmächtige Sekretär Hitlers verschaffte sich durch die jährliche „Führerspende der deutschen Industie" eine ebenso gigantische wie unerschöpfliche Finanzquelle für den Bedarf Hitlers und der Partei. Auf dem Obersalzberg raffte er bis 1937 mit Zuckerbrot und Drohung gegen Widerborstige („....Weigerung könnte nur mit Ihrer Einweisung in das KZ Dachau beantwortet werden....") rund 10 Quadratkilometer Grund zusammen und bezahlte dafür annähernd 50 Mill. Mark (Geldwert 1996).
So wichen 51 Anwesen mit 400 alteingesessenen Obersalzbergern einem rücksichtslosen Bauboom, der diese Prachtlandschaft bis 1944 in eine Riesenbaustelle verwandelte. Sogar im Krieg schufteten hier durchschnittlich 3000 Arbeitskräfte - vorwiegend Italiener, aber auch „arbeitsverpflichtete" Tschechen, Polen und Ukrainer. Wiewohl die Rüstungsindustrie unter großen Mangel an Arbeitskräften litt, stampfte Bormann mit diesen Arbeitsbrigaden eine regelrechte Kommune aus dem teilweise extrem schwierigen Gelände.
Da entstanden u. a. rings um einen riesigen Exerzierplatz mit unterirdischer Schießhalle zwei große Kasernenblocks (für 350 Mann SS-Wachmannschaft), ein Fahrerhaus, eine Großgarage für den Wagenpark, eine Theater- und Filmhalle für 2000 Personen (zur Unterhaltung des gesamten Personals auf dem Obersalzberg), ein

Begeisterung um den Führer (im hochmodernen Mercedes rechts neben dem Fahrer) auf dem Obersalzberg: Hitler bei der Abfahrt auf der steilen Schotterstraße hinunter nach Berchtesgaden. Von diesem Mann stammt die brutale Ankündigung: „Es gibt jetzt kein Erbarmen. Wer sich uns in den Weg stellt, wird niedergemacht."
Bild: Staatsarchiv

Die Halle im Kehlsteinhaus war eine Sammlung von erlesensten Baustoffen und Möbeln. In diesem gehobenen Ambiente bekannte der Führer 1940: „Verträge sind nur so lange einzuhalten, als sie einen Zweck erfüllen." Hitler hat in seiner Amtszeit nicht weniger als 84 internationale Verträge gebrochen.
Bild: Baumann

Hotel (samt eigenem Personalhaus) für Hitlers Gäste, ein Verwaltungszentrum, ein Kindergarten, eine permanente Architektur-Ausstellung, ein Gutshof (mit 80 Rindern, 100 Schweinen und 60 Haflinger-Zuchtstuten), ein Gewächshaus von 110 mal 26 m Fläche (heute betonierter Parkplatz neben der Kehlstein-Busstation), eine Adjutantur sowie die noch bestehenden Siedlungen Hintereck, Klaushöhe und Buchenhöhe (samt Schule, Kindergarten, Wirtshaus, Geschäft und Turnhalle) für die wachsende Zahl der Angestellten. Als strategisch hochmoderne Draufgabe deckte noch ein dichtes Netz von Straßentelephonen den Bedarf der braunen Prominenz, wann immer sie irgendwo auf dem Obersalzberg lustwandelte.

Allerorten standen Wohnbaracken, Lkw-Verkehr dröhnte Tag und Nacht durch die Bergeinsamkeit, soferne der ruhebedürftige Führer nicht im Berghof weilte, und ein Netz von 42,1 km Straßen legte sich über dieses alte Bauernland. Alles das und die Nachtschichten fraßen derart viel Strom, daß das Berchtesgadener Land ab 1936 mit einigen Kleinkraftwerken und einem Heizkraftwerk (Dieselmotor von 500 kW Leistung) nicht mehr genug Strom produzierte. Auch fehlte ein Stromanschluß nach Bayern über Reichenhall, das selbst an chronischem Strommangel litt. Deshalb folgte 1938 dem Anschluß Österreichs sogleich der Anschluß an die städtischen E-Werke der Stadt Salzburg. Somit konnte der 500-kV-Generator in Berchtesgaden als Notstromaggregat für das „Führergebiet" in Reserve gestellt werden.

Zu Hitlers 49. Geburtstag 1938 ließ sich Bormann Ausgefallenes einfallen: Ein Haus auf dem 1834 m hohen Kehlstein, erschlossen durch eine 6,4 km lange, atemberaubende Felsenstraße und auf den letzten 124 Höhenmeteren durch einen Lift im Berg. Das Wasser schaffte ein Pumpensystem über 700 Höhenmeter von der Scharitzkehlalm herauf. Allein diese pompöse Riesenanlage auf dem Kehlstein, die prominente Gäste beeindrucken sollte, verschlang annähernd 360

Mill. Mark (Geldwert 1996) und verfehlte dennoch ihren Sinn, weil Hitler Höhe schlecht vertrug und dieses Haus nur ein paarmal besuchte. Immerhin profitieren heute die Touristen von diesem großartigen Ausguck.
Was da „Adlersnest“ oder „Teehaus“ heißt und gegen Kriegsende sogar für die Kommandozentrale der potemkinschen „Alpenfestung“ gehalten wurde, verdankt seinen Namen dem „D“ - dem Kürzel für „Diplomatie“ und Repräsentation. Nur dieses „D-Haus“ auf dem Kehlstein überdauerte unbeschädigt Hitlers Ende, vom „Teehaus“ aber, einem von Hitler fast täglich besuchten Pavillon auf dem Mooslahnerkopf, blieb außer der kleinen Terrasse nichts mehr übrig. Der 20-Minuten-Fußmarsch vom Berghof hierher führte über die Felder des Gutshofes, die mittlerweile einem ausnehmend schön gelegenen Golfplatz wichen.
Eine ökonomische Delikatesse des „Führergebiets“ auf dem Obersalzberg war der „Gutshof“ knapp unterhalb des Berghofs. Damit wollte nämlich der angelernte Landwirt Martin Bormann seinem Chef Hitler imponieren und „die Ernährung des Führers sicherstellen“ - und zwar „streng nach privatwirtschaftlichen Gesichtspunkten“. In der Praxis sah das dann so aus: Der „Gutshof“ bezog Kartoffeln aus einem gleichgeschalteten „Gutshof“ in Mecklenburg und versandte diese massenhaft überall dorthin, wo gerade das Hauptquartier des Führers zwischen Winniza (Ukraine), „Wolfsschanze“ (Masuren) oder der Pfalz war. Hingegen kam das Getreide für Hunderte von Nistkästen und Futterplätzen, die Hitler auf dem Obersalzberg hatte anbringen lassen, aus der Ukraine (wo die Menschen massenhaft Hungers starben). Dank Bormanns unerschöpflichem Reptilienfonds stand der „Gutshof“ aber immer gut da. Einmal ließ sich Hitler jedoch die Abrechnung dieses Betriebs vorlegen und kommentierte sie dann sarkastisch: „Ausgezeichnet! Der Liter Milch kostet mich höchstens 32 Mark“ (Geldwert 1996), dafür hätten die Bergbauern ringsum die zwanzigfache Menge geliefert.
Hitler gewährte nur drei Auserwählten das Privileg, sich auf dem Obersalzberg anzusiedeln. Zuerst kam der unersetzliche Sekretär Martin Bormann, die graue Eminenz im braunen Reich. Nummer zwei war der beleibte Reichsmarschall Hermann Göring, im Ersten Weltkrieg ein hochdekorierter Kampfflieger, der früh zu Hitler stieß, die Luftwaffe aufbaute und die deutsche Wirtschaft auf Kriegskurs trimmte.
Eine Sonderrolle spielte der junge Architekt Albert Speer, dessen Arbeiten Hitler derart begeisterten, daß er ihm auf dem Obersalzberg ein großzügiges Atelier einrichtete. Dieses steht (wie auch Speers Wohnhaus) aus Quadern gefügt als architektonische Stilprobe aus jener Zeit berg-

Das zählebige Mißverständnis: Das Kehlsteinhaus (oben) wird zwar „Teehaus“ (und auch „Adlerhorst“) genannt, doch das echte „Teehaus“ (unten) stand auf dem Mooslahnerkopf, etwa 20 Gehminuten von Hitlers Berghof entfernt am Rand des heutigen Golfplatzes. Die Plattform links vor dem „Teehaus“ blieb erhalten. Direkt unter dem Kehlsteinhaus erkennt man den Parkplatz, von dem aus ein Lift (oder rechts ein Zick-Zack-Weg) zum „Adlerhorst“ hinauf führt. Bild: Baumann

wärts des Gutshofs jenseits der Straße auf einer Wiese. Speer rückte später zum Rüstungsminister auf.
Außenminister Joachim von Ribbentrop hingegen begnügte sich mit dem Schloß Fuschl, einer zauberhaften Idylle am gleichnamigen Salzkammergutsee. Von hier aus managte Ribbentrop seine noblen Gästehäuser im Vorfeld des Obersalzbergs: Das elegante Schloß Kleßheim bei Salzburg und den vornehmen „Österreichischen Hof" in der Mozartstadt.
Als die zivilen Bauten auf dem Obersalzberg fertig dastanden, begann 1943 unter dem Eindruck der zunehmenden alliierten Bombenangriffe die militärische Sicherung durch den Bau von 5 km Stollen und 4000 Quadratmetern luxuriösem Wohnraum im Berg. Alles das war ausgestattet mit Klimaanlagen, Küchen, eigener Wasserversorgung, Marmorfliesen, Parkettböden, Gasfiltern, Operationsräumen, Hundezimmern und MG-Stellungen.
Hinzu kamen noch zehn Flugabwehr-Stellungen mit 54 Geschützen, an denen bis zu 2000 Mann der SS Dienst taten, sowie 270 Geräte zur künstlichen Vernebelung des Berchtesgadner Beckens bei jedem Fliegeralarm. Das schafften 640 kampfuntaugliche, aber speziell geschulte Soldaten je nach Luftfeuchtigkeit in 20 bis 30 Minuten.
Anfang 1944 häuften sich die Luftangriffe auf Ziele in Bayern und Österreich. So mußte Hitler regelmäßig den Schutzstollen aufsuchen. Den-

Westlich des Hinterecks (Bushaltestelle, Cafe) auf dem Obersalzberg liegt zwischen Bäumen ein großes Sportfeld. Dieser ehemalige Exerzierplatz der SS-Wachmannschaft war mit riesigem Aufwand unterkellert worden, damit die SS einen unterirdischen Schießstand bekäme und Hitlers Ruhe nicht störe. Ringsum standen die Kasernen samt Sporthalle für die SS und eine Großgarage. Deshalb wurden Zehntausende Kubikmeter Erde bewegt und beständig nachrutschendes Gelände mit Betonbauten befestigt. Die horrenden Kosten trug die deutsche Industrie mit der jährlich von Bormann eingetriebenen „Führerspende".
Bild: Baumann

noch fiel auf den Obersalzberg vor dem 25. April 1945 keine Bombe; die Alliierten wollten Hitler lebend fangen. Andrerseits sperrte der immer emsig beflissene Bormann im Mai 1944 den südöstlichen Zipfel Bayerns und das angrenzende Land Salzburg für den Zuzug ausgebombter Reichs- und Parteibehörden, um den alliierten Bomberflotten nicht zusätzliche Anreize zu schaffen.

Insgesamt steckten Hitler und Bormann mindestens 3,4 Mrd. Mark (Geldwert 1996) in den Grunderwerb, die Bauten, die gewaltigen Veränderungen sowie die militärische Sicherung des schwierigen Geländes und die luxuriöse Ausgestaltung auf dem Obersalzberg. Davon blieben nach dem einzigen Bombenangriff der Alliierten am 25. April 1945 mit 373 Flugzeugen und 1232 Tonnen Bomben nur noch Ruinen übrig.

In diesem Ruinenfeld entstieg seinem tiefen Bunker Hermann Göring. Er hatte sich an Hitlers 56. Geburtstag (20. April) aus der Berliner Reichskanzlei zu „dringendsten Aufgaben in Süddeutschland" empfohlen und am 23. April auf dem Obersalzberg von Hitlers Entscheidung erfahren, daß der Führer die Verteidigung Berlins übernehmen und sich im letzten Augenblick erschießen werde. Hitlers Begründung dafür: „Führen kann ich nicht dadurch, daß ich mich ir-

Hitler inspiziert den Fortschritt der Bauarbeiten auf dem Obersalzberg. Diese bauwütige Maßlosigkeit organisierte Hitlers Sekretär Bormann mit aller Brutalität: Selbst in schlimmsten Kriegszeiten setzte Borman bis Ende 1944 auf dem Obersalzberg tausende Arbeiter sowie das Beste an Baustoffen, Ausstattung und Maschinen ein. Die Millionen Ausgebombten hatten davon keine Ahnung, denn Deutschland lag unter schärfster Zensur. Nicht umsonst hatte Hitler an seiner NSDAP gerühmt: „....die einzige Partei, die den demokratischen Gedanken restlos überwunden hat." Bild: Baumann

Zum Verrücktesten in Bormanns Bauprogramm zählten das pompöse Haus auf dem Kehlstein und eine Panoramastraße hinauf zu diesem Aussichtsplatz. Diese Überraschung zu Hitlers 49. Geburtstag 1938 ging jedoch daneben, weil der Beschenkte die Höhenlage nicht vertrug. Deshalb diente diese Anlage vorwiegend dazu, prominente Gäste zu beeindrucken. Dieses Bild von der Kehlsteinstraße zeigt eine Rarität: Ein VW-Cabrio aus Hitlers Wagenpark auf dem Obersalzberg. *Bild: Baumann*

gendwo auf einen Berg setze. Nur um meinen Berghof allein zu verteidigen, bin ich nicht auf die Welt gekommen."

Da witterte Göring die Chance für seinen letzten großen Auftritt. Er fragte telegraphisch in Berlin an, ob nun, da der Führer doch handlungsunfähig sei, jenes Gesetz von 1941 inkraft trete, das Göring zum Nachfolger Hitlers macht. Hitler tobte, schimpfte Göring einen Faulpelz, Versager, Morphinisten und beispiellosen Korruptionisten und degradierte ihn von allen Ämtern. Bormann aber stichelte so lange, bis Hitler Göring auch noch wegen Hochverrats aus der Partei warf. Worauf Bormann die SS auf dem Obersalzberg anwies, Göring zu verhaften und „nach unserem Tod" (in Berlin) zu erschießen. Die SS zögerte, setzte Göring unter „Ehrenhaft" und verfrachtete ihn nach glücklich überstandenem Bombenangriff auf sein Schloß im Salzburgischen Mauterndorf. Von dort brach Göring nach Hitlers Selbstmord (30. April) westwärts zu „Verhandlungen" mit dem alliierten Oberkommandierenden Eisenhower auf.

Doch diese politische Fahrt ins Blaue endete bereits in Kitzbühel in Haft der Amerikaner. Göring hatte sich in Nürnberg als Hauptkriegsverbrecher zu verantworten, wurde zum Tod am Galgen verurteilt und verübt in der Nacht zum 16. Oktober 1946 zwei Stunden vor dem Hinrichtungstermin mit Zyankali Selbstmord.

Auf dem Obersalzberg hatte die SS nach dem schweren Bombenangriff den Trümmerhaufen den Einheimischen zum Plündern freigegeben. Am Abend des 4. Mai 1945 besetzten US-Truppen den Obersalzberg. Und 1952 wurden die letzten Überbleibsel des „Führergebiets" gesprengt. Nur der „Platterhof" blieb erhalten und daneben die Ruine des Hauses für die Angestellten. Der gelegentlich an Fundamentbrocken noch erkennbare Rest einstiger Pracht wurde längst von Wald und Buschwerk überwuchert. Damit erledigte sich auch eine Befürchtung, die Hitler 1943 am Vorabend seines 54. Geburtstages in der Kaminrunde geäußert hatte: Es wäre entsetzlich, würde der Berghof nach seinem Tode zu einem Museum, in dem Fremdenführer den Touristen erklären: „Hier hat er immer gefrühstückt." Da wäre es besser, daß der ganze Berghof „als großartiger Scheiterhaufen" in Flammen aufginge.

An diesem Postenhäuschen oberhalb der Großgarage wurde Volksvermögen sinnlos verpraßt. Weil sich Bormann einbildete, daß es talseitig an der Straße stehen müsse, wurde ein 20 m tiefes Betonfundament durch den steilen Erdhang auf den Felsgrund gesetzt. So kam ein 22.000 Mark (Geldwert1996) teures Häuschen für 800.000 Mark zu einem Betonsockel. Bild: Baumann

Hitlers Weg in den Krieg

Deutschlands Weg in den totalitären Willkürstaat und in den Zweiten Weltkrieg begann am 3. Februar 1933. Das war nur vier Tage, nachdem Hitler am 30. Januar 1933 eine Koalition mit rechten Parteien zustandegebracht hatte und von Reichspräsident Hindenburg zum Reichskanzler ernannt worden war. Der Nazi-Jargon heroisierte diesen Vorgang zum „Tag der Machtergreifung".

An jenem 3. Februar eröffnete nun Hitler der versammelten militärischen Führung in zweistündiger Ansprache, daß die Aufrüstung Deutschlands erstes Erfordernis sei. Deshalb müsse das „krebsartige Geschwür, die Demokratie", ausgerottet werden. Sobald dann Deutschland wieder mächtig sei, beginne die „Eroberung neuen Lebensraumes im Osten und dessen rücksichtslose Germanisierung".

Dann ging es Schlag auf Schlag. Am 22. Februar 1933 wurde aus 50.000 Mann der SA und der SS eine Hilfpolizei gebildet, eine bewaffnete Parteiarmee mit dem Auftrag, jegliche Opposition niederzuknüppeln. Damit das auch radikal funktioniere, ersetzte die berüchtigte „Notverordnung zum Schutz von Volk und Staat" vom 28. Februar 1933 den Rechtsstaat durch den permanenten Ausnahmezustand. Den willkommenen Vorwand dafür bot die Brandstiftung im Reichstag in der vorangegangenen Nacht.

Dieses wichtigste aller Gesetze des Dritten Reiches lieferte Hitlers Diktatur die scheinlegale Rechtsgrundlage. Es strich alle Grundrechte und ermächtigte die Polizei, „auch außerhalb der gesetzlichen Grenzen" zu verhaften, unbeschränkte Haftdauer zu verhängen und Verhaftete der Justiz zu entziehen.

Diese Chance ließ sich der kommissarische Münchner Polizeipräsident, SS-Chef Heinrich Himmler, nicht entgehen. Schon am 20. März 1933 eröffnete er bei Dachau das erste „Schutzhaftlager" für 5000 Personen - das erste KZ, in dem bis 1945 206.000 Häftlinge gequält und 32.000 umgebracht wurden.

Dieses Propagandafoto wurde im Oktober 1931 in Braunschweig aufgenommen. Hitler hatte damals allen Grund zu guter Laune. Denn in Braunschweig war es ihm endlich gelungen, die für seine politischen Ambitionen unerläßliche deutsche Staatsbürgerschaft zu bekommen. Dafür leistete er den sogenannten „Legalitätseid": Er wolle die Macht nur mit demokratischen Mitteln erreichen.

Bild: Staatsarchiv

Hitler legte großen Wert auf den Anschein von Legalität. So erpreßte er im Klima des braunen Terrors das Parlament am 21. März 1933 zum „Heimtückegesetz" (das den Terror gegen jegliche Opposition legalisierte) und zwei Tage später zum „Ermächtigungsgesetz" - zum Selbstmord der deutschen Demokratie. Fortan „durfte" die Regierung Gesetze erlassen, die „von der Verfassung abweichen", die politischen Parteien auflösen, die NSDAP per Gesetz zwecks „Si-

Adolf Hitler: „Im Kampf haben wir einst das Deutsche Reich erobert, und im Kampf werden wir es erhalten und bewahren." Der Führer sprach am Tage des 15jährigen Bestehens der zweitältesten Ortsgruppe der NSDAP. in Rosenheim. Nie kann die kleine Schar der Zweifler und Spötter der Bewegung etwas anhaben, der Gedanke an eine Fortsetzung des Kampfes aber wird ihnen noch völlig vergehen. Im Bild: Der Führer beim Deutschlandlied inmitten alter Kämpfer auf dem Max-Joseph-Platz.

Hitler in der klassischen Führerpose. Der Original-Bildtext läßt an Deutlichkeit nichts zu wünschen übrig. Hitler war durch eine Koalition legal an die Macht gekommen. Aber er nutzte seine Macht für massive Einschüchterung, um die Demokratie streng nach formaler Legalität zu zerstören. Das funktionierte beispielsweise durch Terror gegen die Opposition, damit sie das „Ermächtigungsgesetz" billige - den Selbstmord der deutschen Demokrate. Dazu Hitlers zynischer Kommentar vom 30. 1. 1941: „Ich habe die Demokratie durch ihren eigenen Wahnsinn besiegt!" *Bild: Staatsarchiv*

cherung der Einheit von Partei und Staat" (Dezember 1933) zur Staatspartei erklären sowie alle Medien gleichschalten und umfassender Zensur unterwerfen. Hitler bekam also ganz legal seinen terroristischen Willkürstaat: „Die Grundlage der Auslegung aller Rechtsquellen ist die nationalsozialistische Weltanschauung." Deren Deutung aber lag ausschließlich beim Führer. Am 2. Mai1933 wurden Gewerkschaften und Arbeitnehmerverbände durch die „deutsche Arbeitsfront" ersetzt, in der die Gestapo den sozialen Diktatfrieden erzwang. Da durfte nun der „Betriebsführer" (Unternehmer) zum höheren Wohl des Dritten Reiches die tägliche Arbeitszeit von acht auf bis zu zwölf Stunden ohne Lohnzulagen erhöhen.

Unbestritten ist die Tatsache, daß Hitler binnen vier Jahren fast 6 Millionen Arbeitslose von der Straße wegholte. Dieser internationale Propagandaschlager setzte freilich voraus, daß das totalitäre Regime die Rüstungsindustrie mit riesigen Aufträgen zum Motor der Wirtschaft machte. So ging von 1933 bis 1939 nicht weniger als ein Sechstel des deutschen Inlandsprodukts in die Rüstung. Natürlich expandierte da die Industrie beispiellos, zumal rigorose Lohn- und

Preisstopps den Konsum zugunsten der Rüstung drosselten.
Hitler wollte Deutschland stark, nicht aber die Deutschen reich machen. Folglich lag die Konsumgüterproduktion 1938 noch immer unter dem Niveau von 1928; und 54 Prozent der Deutschen lebten 1938 von kümmerlichen 670 Mark (Geldwert 1996) oder weniger im Monat. Doch die Menschen hatten wieder Arbeit, und das wog schwerer als eine Parteidiktatur, die doch „nur" mit Andersdenkenden, Andersrassigen und ohnedies stets aufmüpfigen Links-Intellektuellen aufräumte.
Deshalb wagte auch niemand, den Propagandaschlager „Reichsautobahn" zu entzaubern. Sie gab ganzen 150.000 Personen Arbeit - einschließlich der Zulieferbetriebe und des „Reichsarbeitsdienstes", einer Art von paramilitärischem und miserabel bezahltem „Zivildienst".
Auf dem Obersalzberg stellte derweil der leutselige Kinderstreichler und Hundefreund Hitler seinen ungewöhnlichen Stil der Müßiggängerei derart offen zur Schau, daß der Philosoph Oswald Spengler sarkastisch bemerkte, das Dritte Reich sei „die Organisation der Arbeitlosen durch die Arbeitsscheuen". Und diese Organisation steuerte schnurstracks auf Krieg zu, wie Hitlers Anweisung von 1936 für den ersten Vierjahresplan belegt: „1. Die deutsche Armee muß in vier Jahren einsatzfähig sein. 2. Die deutsche Wirtschaft muß in vier Jahren kriegsfähig sein."
Und am 5. November 1937 verkündete Hitler den Führern der Wehrmacht seinen „unabänderlichen Entschluß" zum Krieg: Weil der Lebensraum des deutschen Volkes friedlich nicht zu gewinnen sei, bleibe nur mehr Gewalt.
Im Sommer 1940 erreichte Hitler den Zenit seiner Macht: Er fuhr als Sieger durch Paris und

Als eine der ersten Autobahnen wurde jene von München in Richtung Salzburg gebaut. Damit bezweckte Hitler wirklungsvolle Propaganda im nahen Österreich, wo die Arbeitslosigkeit in den Dreißigerjahren bis zu 26 Prozent anschwoll. „Arbeit beim Autobahnbau" war in Österreich ein elektrisierendes Schlagwort. Dieses Doppelbild zeigt Hitler an der Spitze einer Autokolonne bei der Eröffnung von 26 Autobahnkilometern von München nach Holzkirchen. *Bild: Staatsarchiv*

Ehe Hitler 1933 zum Reichskanzler ernannt wurde, trug er gerne Tracht, um sich „völkisch" bodenständig zu geben. Deshalb störte es ihn keineswegs, wenn er wegen solcher Kleidung belächelt wurde. Hingegen weigerte er sich beharrlich, in eine Badehose zu schlüpfen. Er empfand das als unziemlich für einen Politiker - und verwies auf Fotos, die den etwas beleibten ersten deutschen Reichpräsidenten Friedrich Ebert in Badehose zeigten. *Bild: Staatsarchiv*

feierte seinen letzten Triumphzug durch Berlin. Ungeachtet seiner Methoden - er hatte alle seine programmatischen Versprechen eingelöst.
Hitler hatte das törichte „Diktat von Versailles“ zerfetzt, mit dem die Sieger von 1918 Deutschland nicht nur alle Kriegsschuld, gigantische Reparationen und die Unfähigkeit zur militärischen Verteidigung aufgeladen hatten. Die Sieger begingen zudem die verheerende Torheit, das geächtete Deutschland weder dauerhaft zu entmachten noch dauerhaft in Europa zu integrieren. „Versailles“ linterließ also in Zentrum Europas ein gefährliches Vakuum.
Hitler hatte auch mit jenen vorwiegend sozialistischen „Novemberverbrechern“ abgerechnet, die 1918 im deutschen Hinterland die demokratische Revolution in Gang gesetzt und damit die Legende gefüttert hatten, ein „Dolchstoß in den Rücken“ habe das unbesiegte deutsche Heer zu Fall gebracht.
Er hatte 1934 nach blutiger Parteisäuberung (dem angedichteten Putschversuch des SA-Chefs Röhm) alle Macht in Deutschland errungen - mehr war schlichtweg nicht mehr zu bekommen.
Er hatte alle „Schmach von Versailles“ mit der Einführung der von „Versailles“ verbotenen Wehrpflicht und mit dem Einmarsch in das entmilitarisierte Rheinland getilgt.
Er hatte straflos Österreich und das Sudetenland gewaltsam „heim ins Reich“ geführt und dann noch die „Rest-Tschechei“ zerschlagen.
Er hatte der Welt „abgetrotzt“, was das kaiserliche Deutschland im Ersten Weltkrieg vergeblich abgestrebt hatte: Die unangreifbare Vormacht in Europa.
Das sind unbestreitbar Leistungen, soferne man die Amoralität akzeptiert, daß der Zweck die Mittel heiligt. Nun aber setzte Hitler alles aufs Spiel, als sich im Mai 1941 seine erste Niederlage abzeichnete: Das militärisch unterlegene Britannien hatte die seit August 1940 tobende „Luftschlacht über England“ gewonnen, weil seine sträflich unterschätzten Jagdmaschinen der hochgelobten deutschen Luftwaffe überlegen waren.
Ohne Luftherrschaft über England aber war es um die Operation „Seelöwe“ geschehen: Die Invasion Englands. Überdies ahnte Hitler nicht einmal, wie tief ihm die Briten schon damals in die Karten schauten. Mit dem System „Ultra“ hatten sie nämlich alle deutschen Codes geknackt, und mit den ersten Radars dirigierten sie ihre Jagdgeschwader zielsicher gegen die Bomberflotten Hitlers.
In dieser durchaus ungemütlichen Lage entpuppte sich der Gewaltmensch Hitler auch als staatsmännischer Stümper: „Kriege werden immer beendigt nur durch die Vernichtung des Gegners. Jeder, der anders denkt, ist unverantwortlich.“
Was aber nun, da England der Vernichtung entronnen war und der unangreifbare Rivale blieb, der mit Hitler durchaus nicht Frieden schließen mußte? Da beging Hitler seinen ersten Kardinalfehler: Er bot Polen und Frankreich keinen ehrenvollen Frieden. Wäre der 1940 zustande gekommen, wofür hätte London dann noch kämpfen sollen?
Deshalb tappte Hitler auch in seinen zweiten Kardinalfehler: Er stürzte Deutschland in den tödlichen Zweifrontenkrieg. Am 18. 12. 1940 erließ er auf dem Obersalzberg die Weisung „Barbarossa“ zum Überfall auf die UdSSR, um Deutschland den Lebensraum im Osten zu erschließen und blockadefest zu machen.

„....halte ich mir eben ein Mädchen"

„Sehr intelligente Menschen sollten sich eine primitive und dumme Frau nehmen." Wiewohl Hitler auf dem Obersalzberg den eleganten Charmeur, Hundeliebhaber und Kinderfreund hervorzukehren pflegte, servierte er diese Beleidigung bei einem seiner abendlichen Dauermonologe den anwesenden Damen; darunter seine Lebensgefährtin Eva Braun.

Ein andermal dozierte er im Berghof beim Abendmonolog: „Auf den Intellekt kommt es bei einer Frau gar nicht an. Verglichen mit den gebildeten intellektuellen Frauen war meine Mutter gewiß eine ganz kleine Frau, aber sie hat dem deutschen Volk einen großen Sohn geschenkt."

Für seine „historische Mission" bewertete Hitler eine Ehe als untragbar; sie zwänge ihn, seine Kräfte zu verzetteln. „Das ist das Schlimme an der Ehe: Sie schafft Rechtsansprüche! Da ist es schon viel richtiger, eine Geliebte zu haben. Die Last fällt weg. Es ist ein Glück für mich, daß ich nicht geheiratet habe. Das wäre eine Katastrophe geworden. Die Frau versteht nie, wenn in einer Ehe der Mann die Zeit nicht aufbringt, welche die Frau glaubt für sich beanspruchen zu müssen."

Hitler verabscheute „politische Weiber", die Frau solle sich caritativen Aufgaben oder der Jugendfürsorge widmen. Allerdings sei die Frau dem Mann an „praktischem Verständnis" überlegen, etwa beim Einrichten einer Wohnung. Jedoch in der Politik beträfen „99 Prozent aller Beratungsgegenstände Männerdinge, die Frauen nicht beurteilen können".

Hitler befand, daß im Bergland „die Mädel auf Wilderer ganz wild" seien. Das offenbare den „Naturinstinkt im Weib", das sich seit grauer Vorzeit einen Helden als starken Beschützer wünsche. Bestehe aber Überschuß an Frauen wie in Deutschland, dann mache der Kampf um die Männer sogar „die mildeste Frau zur Bestie".

Eine Ausnahme von dieser Regel ortete Hitler bei vermeintlichen Paradestücken der „nordischen Herrenrasse", den großgewachsenen, blonden und blauäugigen skandinavischen Männern: „Die sind derart schlapp, daß die schönsten Frauen dort weggehen, wenn sie einen Mann von uns kriegen. So war es beim Göring mit seiner Carin" (seiner ersten Frau, einer Schwedin; d. A.).

Der Mann, der in Jahrtausenden dachte, wollte sich privat ganz banale Sorgen ersparen: „Heiraten könnte ich nie. Wenn ich Kinder hätte, welche Probleme! Am Ende versuchen sie noch, meinen Sohn zum Nachfolger zu machen. Jemand wie ich hat keine Aussicht, einen tüchtigen Sohn zu bekommen. Sehen Sie Goethes Sohn, ein ganz unbrauchbarer Mensch!" Außerdem, so vertraute er 1934 einem Kriegskameraden an, gehöre seine ganze Kraft der Nation. Obendrein verlöre er als verheirateter Mann bei Wahlen viele Frauenstimmen. Er dürfe eben keine Familie gründen, da ergehe es ihm wie dem Papst.

Und im Jargon eines Gutsbesitzers, der sich Reitpferde und Rassehunde hält, begründete Hitler seine Extravaganz: „So halte ich mir eben in München ein Mädchen." Dieses hatte 1932 den ersten von zwei Selbstmordversuchen unternommen, weil ihm Hitler die Heirat verweigerte, und dem Tagebuch anvertraut: „Er braucht mich nur zu bestimmten Zwecken." Dieses Mädchen hieß Eva Braun. Hineingeboren in die bescheidenen Verhältnisse eines Gewerbelehrers, besuchte dieses offenkundig lebenslustige, sportliche und hübsche Mädchen eine Klosterschule. 1929 lernte der 40jährige Hitler die 17jährige Eva als Angestellte im Geschäft seines Leibfotografen Heinrich Hofmann kennen. Und ab 1932 teilten sie das Leben miteinander, wenngleich nach den politisch bedingten kleinbürgerlichen Vorstellungen Hitlers: Sie trafen sich nie öffentlich, bei Besuchen in Berchtesgaden lo-

In Gesellschaft der Eingeweihten machte Hitler kein Hehl aus seiner Beziehung zu Eva Braun. Einen besonders fröhlichen Anlaß dazu bot 1944 die Hochzeit von Evas Schwester Gretl mit dem SS-General Fegelein. Nach der Trauung in Salzburg (Trauzeugen Himmler und Bormann!) gab es auf dem Berghof und im Kehlsteinhaus ein rauschendes Fest. Dabei entstand dieses Bild (erste Reihe von rechts): Eva, Hitler, Gretl, Fegelein. Im April 1945 ließ Hitler Fegelein erschießen, weil er aus dem umkämpften Berlin flüchten wollte.

Bild: Baumann

gierte Eva anfangs in einem Hotel, und nur im Kreis der engsten Vertrauten trat sie als „Sekretärin“ auf. Sie wurde auch stets „getarnt“ mit zwei Sekretärinnen Hitlers in einem geschlossenen Mercedes und Stunden vor oder nach der offiziellen Wagenkolonne Hitlers auf den Obersalzberg gefahren, damit niemand irgendeine Verbindung herstelle. Und „gedeckt“ durch zwei Sekretärinnen, durfte Eva Braun auch an Hitlers Spaziergängen auf dem Obersalzberg teilnehmen - wiewohl am Ende der Kolonne.

1935 mietete Hitler für Eva in München eine Drei-Zimmer-Wohnung, ein Jahr später schenkte er ihr eine kleine Villa. Aber wegen des auffälligen Polizeischutzes, der immer und überall Neugierige anzog, konnte der Führer seine Geliebte nur selten und nur nachts besuchen. Deshalb machte er Eva 1936 zur Hausdame im umgebauten Berghof auf dem Obersalzberg.

In dieser Rolle hatte dort seit 1928 Hitlers verwitwete Halbschwester Angela Raubal gewirkt. Auf deren bildhübsche Tochter Geli aber hatte Onkel Adolf ein Auge geworfen. Nach Einschätzung aller Zeugen war das Hitlers große Liebe. Indessen mißfiel diese Beziehung Gelis Mutter, aber Hitler tröstete sie mit der Ausrede, er müsse darauf achten, „daß Geli nicht irgendeinem Abenteurer oder Schwindler in die Hände fällt“. Also nahm er das Mädchen 1929 zu sich nach München, damit es dort studiere. Geli aber ertrug es nicht, ständig die vor der Öffentlichkeit verborgene und von Hitler vernachläßigte Nummer zwei hinter der Politik zu sein, und verübte 1931 im Alter von 23 Jahren Selbstmord.

Das trübte naturgemäß Hitlers Verhältnis zu seiner resoluten Halbschwester, zumal nun auch Eva auf dem Obersalzberg auftauchte. Raubal schimpfte sie privat eine „blöde Kuh“, verweigerte ihr den Handschlag, sprach sie spitz mit „Fräulein“ an und sorgte erfindungsreich dafür, daß im Haus nie eines der drei Schlafzimmer frei war, so daß Eva in den zehn Gehminuten entfernten „Platterhof“ ausweichen mußte. Diese wachsenden Spannungen löste der Dresdener Architekturprofesser Hammitzsch, als er 1936 Angelika Raubal ehelichte.

Hitler hielt seine neue Hausdame, vordem meist „Sekretärin“, von den dienstbaren Geistern fortan aber „Chefin“ genannt, nur für bedingt gesellschaftsfähig - nämlich nur, soferne sie nicht sein Image störte. Ein Führer mit geheimen Kemenaten für seine Konkubine auf dem Berghof, in München oder gar in der Berliner Reichskanzlei - einfach unvorstellbar, wie gelegentlich protokollierte Sorgen von Parteibonzen und Propagandisten zeigen. Eva hingegen, die Hitler öffentlich stets mit „mein Führer“ ansprach, litt unter diesem Versteckspiel. Und so bekannte sie der neugierigen Frau des Ministers Esser einmal auf dem Berghof: „Es ist hier alles so leer, wenn der Führer nicht da ist. Ich verzichte gerne auf die Annehmlichkeiten hier, wenn ich wieder einmal kurz in der Nähe des Führers sein dürfte. Leider nimmt er aber bei der Einteilung seiner Zeit und seiner dienstlichen Belange überhaupt keine Rücksicht auf private Dinge.“

Die meisten dieser privaten Dinge verliefen in der einsamen Monotonie auf dem Obersalzberg - in der „Ersatzfamilie“ aus Sekretärinnen, Adjudanten, Dienstpersonal und Fahrbereitschaft. Hitler verschärfte mit seiner Anwesenheit noch diese Monotonie durch einen starren Tagesablauf, eine berüchtigt frugale Tafel, die Vorführungen banaler Filme und endlose Monologe. Diese pflegten den Abend der Kaminrunde bis in den Morgen zu strecken und regelmäßig zum Kampf der ehrfürchtigen Zuhörer mit den schweren Augenlidern auszuarten.

Vater Braun betrachtete diese illegitime Beziehung seiner Tochter als unehrenhaft. Daher faßte er sich im Herbst 1935 ein Herz und forderte den „sehr geehrten Herrn Reichskanzler“ schriftlich auf, Eva „in die Familie“ zurückkehren zu lassen. Braun bat den Fotografen Hofmann, diesen Brief weiterzuleiten, doch Hofmann übergab das Schreiben Eva,

Eva Braun, Hitlers unglückliche Lebensgefährtin, mit ihren Hunden auf dem Berghof. „Er braucht mich nur zu bestimmten Zwecken", vertraute Eva ihrem Tagebuch an. Hitler hielt sie rigoros aus dem Blickfeld der Öffentlichkeit. So litt Eva derart unter Einsamkeit, daß sie zwei Selbstmordversuche unternahm.
Bild: Baumann

die es zerriß. Auch Mutter Braun schrieb ihrem „Schwiegersohn“, allerdings ohne Umwege. Sie bekam aber auf ihren Brief nie eine Antwort.
In der Berliner Reichskanzlei verbrachte Eva ihre kurzen Aufenthalte hinter zugezogenen Vorhängen in einer abgelegenen Zimmerflucht. Und im Berghof hatte sie sich stets in einem eleganten, geräumigen Zimmer neben jenem Hitlers mit Schallplatten, Filmen sowie ihren Hunden zu vergnügen, wenn Hitler mit Prominenz konferierte oder tafelte.
Offenkundig falsch deuteten das etliche „eingeweihte“ Damen der braunen Prominenz, die sich auf dem Obersalzberg niedergelassen hatte. Sie schnitten Eva oder behandelten sie von oben herab.
Beispielsweise „vergaß“ Frau Göring im Sommer 1937 einmal, Eva zu einem der gelegentlichen Feste für die Obersalzberger Prominenz einzuladen. Worauf Hitler Göring zur Standpauke zitierte: „Fräulein Braun ist zwar mit ihren 25 Jahren noch zu jung und unerfahren, um die ‘First Lady’ des Dritten Reiches zu sein. Sie ist jedoch die einzige Frau in meinem Leben. Ich werde sie heiraten, wenn ich mich eines Tages nach Linz in den Ruhestand zurückziehe. Ich wünsche, daß das respektiert wird!“
Es wurde - besonders auffallend von Hitlers allmächtigem Sekretär Bormann, berüchtigt zumal als größter „Reichs-Schürzenjäger“. Dieser linkische und boshafte Mann ließ es Eva fühlen, daß er nicht an sie herankam. Aber nach Hitlers Rüffel für Göring las er ihr jeden Wunsch von den Augen ab, weil er sie nun als einflußreiche Alliierte gegen „den Dicken“ einschätzte.
Ein anderer und ausnahmsweise kultivierter Obersalzberger, Hitlers Architekt Albert Speer, empfand sehr bald Sympathie für die unglückliche Eva, die so an Hitler hing. Er beschrieb sie als politisch uninteressiert, „mit gesundem Blick für die Gegebenheiten des Alltags“ und als einfach gekleidet. Indessen trug sie „auffallend billigen Schmuck von beleidigender Bescheidenheit“ - Geschenke Hitlers zu Feiertagen. Bemerkenswerte Ausnahme: Ein Turmalinring samt passendem Ohrgehänge und Armband zum 21. Geburtstag am 6. Februar 1933.
Dieses Geschenk war damals wohl überfällig. Immerhin war Hitler sieben Tage vorher - am 30. Januar - zum Reichkanzler ernannt worden. Und drei Tage zuvor - am 3. Februar - hatte er der militärischen Führung sein Konzept vorgelegt: Vorrang der Aufrüstung, Ausrottung des „krebsartigen Geschwürs“ Demokratie, Eroberung und „rücksichtslose Germanisierung“ neuen Lebensraumes im Osten. Das war wohl ein großzügiges Geschenk für Eva wert.
Speer erwirkte einmal beim Führer einen Winterurlaub für die begeisterte Skifahrerin Eva, der Hitler Tanz, Rauchen und Sonnenbaden im Schwimmkostüm strikt untersagt hatte. Eine Woche lang trieb sie mit dem Ehepaar Speer in Zürs Wintersport und tanzte abends mit ahnungslosen Offizieren. Ein äußerst seltenes Vergnügen, bedenkt man Hitlers Abneigung gegen das Tanzen - sei es zu „Negermusik“ (Jazz) oder Walzer.
Beispielsweise drangen Freunde 1928 darauf, daß der nun 39jährige Nichttänzer Hitler in einem Tanzkurs seinen gesellschaftlichen Schliff schärfe, zumal doch George Washington, Napoleon oder Friedrich der Große exzellente Tänzer gewesen seien. Hitler hielt Tanzen für einen Staatsmann unangemessen. Außerdem sei „Walzertanzen viel zu weibisch für einen Mann“. Überhaupt habe die „Walzermanie“ den Zerfall des Habsburger Reiches beschleunigt.
Anscheinend genügte Hitler der gesellschaftliche Schliff, den ihm in den frühen Zwanzigerjahren seine durchwegs gut betuchten „mütterlichen Freundinnen“ in ihren Münchner Salons gegeben hatten: Gekonnter Handkuß - noch dazu mit „österreichischem Charme“ eben nur angedeutet - gehörte dazu ebenso wie dezente Kleidung. Diese reifen Damen fanden Gefallen an dem treudeutschen, ambi-

Hitler verbannte Eva Braun in die Rolle der „Hausdame“ auf dem Obersalzberg - und befahl sie in ihr Zimmer, wenn uneingeweihte Prominenz aufkreuzte. Diese lebenslustige, unkomplizierte junge Frau verbrachte die Zeit mit Tieren, Schallplatten, Filmen und Sehnsucht nach dem Führer. Der vergalt ihr schließlich die Treue mit der Heirat vor dem gemeinsamen Selbstmord am 30. April 1945 im Bunker unter den Trümmern der Berliner Reichskanzlei.
Bild: Baumann

Hitlers Verhältnis mit Eva Braun galt beinahe als Staatsgeheimnis. Natürlich kursierten weltweit Gerüchte über diese Beziehung. Allerdings riskierte KZ-Haft, wer in Deutschland solche Gerüchte oder gar Witze weitergab. Das Leben Eva Brauns in der sterilen und eintönigen Obersalzberger Ersatzfamilie von Sekretärinnen, Adjutanten und Hauspersonal war tabu. *Bild: Baumann*

tionierten, wortgewandten und stets zuvorkommenden Jungpolitiker und erschlossen ihm Kontakte in den besten Kreisen Münchens. Und über diese Beziehungen verfügten u. a. die Ehefrauen des Klavierfabrikanten Bechstein oder des Verlegers Bruckmann.

Da störte es Hitler nun keineswegs, distanzierte Freundschaft mit selbstbewußten und beruflich erfolgreichen Damen zu schließen, die ganz und gar nicht seinem Frauenbild entsprachen - so mit Winifred Wagner, der Herrin von Bayreuth, mit der Innenarchitektin Gerdy Troost oder mit der Regisseurin Leni Riefenstahl. Diese Frauen öffneten ihm, dem sozialen Außenseiter, den Zugang zur Kaste der verachteten „Plutokraten". Aber als „Steigbügelhalter" waren sie für Hitler unersetzlich.

Von solchen Frauen nahm er sogar hin, was er sonst nie ertrug: Kritik. Unter Insidern geradezu berühmt waren die Kopfwaschungen, die Frau Bechstein vor Zeugen auch noch dem Reichskanzler Hitler wegen politischer Entscheidungen verabreichte: Der rhetorischen Frage, ob er denn verrückt sei, pflegte eine Flut von Beschimpfungen zu folgen, und Hitler stand während dieser Standpauken wie ein begossener Pudel da.

Auf dem Obersalzberg freilich ließ sich Hitler das nicht einmal ansatzweise gefallen.

Hitler - der Massenmörder

Henriette von Schirach, Tochter von Hitlers Leibfotografen Hofmann und Ehefrau des Gauleiters von Wien, löste am Karfreitag 1943 im Berghof einen beispiellosen Skandal aus. Eben aus den Niederlanden zurückgekehrt, schilderte sie abends in Hitlers Runde am Kaminfeuer empört, wie da nachts Jüdinnen von SS und Gestapo zur Deportation durch die Straßen Amsterdams getrieben worden seien. Sie habe nichts gegen die „Abschiebung“ der Juden in den Osten, aber mit derart brutalem Getöse?

Betretenes Schweigen, eine Weile durchbohrte Hitler Frau Schirach mit dem Blick, plötzlich schrie er sie an: „Sie sind sentimental! Was haben Sie sich um die Judenweiber zu kümmern! Das sind alles Sentimentalitäten, Gefühlsduselei!“ Hitler tobte weiter, derweil Frau Schirach in ihr Zimmer eilte. Dort fing sie ein Adjutant ab: „Warum haben Sie das getan. Sie haben ihn so zornig gemacht, fahren Sie sofort ab, jetzt gleich!“

Kurz zuvor hatte schon Henriettes Ehemann, der schwärmerische Germanenpoet und ehemalige Reichsjugendführer Baldur von Schirach, sein letztes Wohlwollen bei Hitler mit der Ausstellung „Junge Kunst im Dritten Reich“ in Wien verscherzt. Dort hingen Bilder, die nach Hitlers Kunstverständnis als „entartet“ galten. Hitler zitierte Schirach auf den Obersalzberg, hielt ihm einen Bildbericht über diese Ausstellung unter die Nase und zischte: „Ein grüner Hund! Damit mobilisieren Sie alle Kulturbolschewisten gegen mich. Das ist Erziehung zur Opposition!“ Umgehend wurde die Ausstellung geschlossen.

Unter dem Eindruck zunehmender Bombenangriffe der Alliierten begann 1943 die militärische Sicherung des Obersalzbergs durch den Bau von 5 km Stollen und 4000 Quadratmetern luxuriösen „Wohnraums“ im Berg. Außerdem wurden rings um den Obersalzberg zehn Flugabwehr-Stellungen für 54 Geschütze gebaut. In diesen Anlagen taten bis zu 2000 Mann der SS Dienst. *Bild: Baumann*

Entartet, verjudet, bolschewistisch - so lautet das agitatorische Leitmotiv des Rassisten Hitler. Aber weder er selbst noch Himmler, Goebbels oder Bormann entsprachen seinem Idealbild von „nordischer Herrenrasse“: Groß, blond, blauäugig.
In seinen Wiener Trödeljahren hatte Hitler jede Menge rassistisch-mystischen Stuß über Arier, Juden und Slawen verschlungen und sich über den „geilen Blick“ empört, mit dem schäbige „Kaftanjuden“ blonde Mädchen verfolgen. Das formte schließlich Hitlers rassistischen Antisemitismus: Juden seien Urheber der Sozialdemokratie und des Kommunismus; Juden kontrollierten die Börsen, die Arbeiterbewegung und die Kultur; Juden hielten die Bauern in Zinsknechtschaft; Juden seien Ungeziefer und Parasiten in jedem gesunden Volk - also gehören sie ausgerottet.
Seinem Kriegskameraden Josef Hell erklärte der 33jährige Hitler 1922 in einem Haßausbruch: „ Wenn ich einmal wirklich an der Macht bin, dann wird die Vernichtung der Juden meine erste und wichtigste Aufgabe sein. Sobald ich die Macht dazu habe, werde ich z. B. in München auf dem Marienplatz Galgen neben Galgen aufstellen lassen. Dann werden die Juden gehenkt, und sie bleiben so lange hängen, bis sie stinken. Dann kommen die nächsten dran, bis der letzte Jude in München ausgetilgt ist. Genauso wird in den anderen Städten verfahren, bis Deutschland vom letzten Juden gereinigt ist.“ Von deutschnationalen Halbgebildeten in Wien bezog Hitler auch noch die Vorurteile über die „ostischen Untermenschen“, die Slawen.
Unter dem Eindruck der Niederlage Deutschlands 1918, der demokratischen Revolution und dem „Diktat von Versailles“ wucherten diese Vorstellungen weiter zu einem kriegerischen Eroberungsplan: Das deutsche Volk brauche einen blockadefesten Lebensraum im Osten.
Hitlers Diktatur stützte sich auf Gestapo-Terror, Agitation und Arbeitsbeschaffung durch Aufrüstung. Dabei kam Hitler der christliche und der wirtschaftliche Antisemitismus in der Bevölkerung sehr zustatten. Beides half ihm, die Menschen von einem antisemitischen „Ereignis“ zum nächsten hetzen und damit von vielfachen Problemen ablenken. So mit dem Boykott jüdischer Geschäfte, weil ein Londoner Boulevardblatt eine (ebenso belanglose wie lächerliche) „Kriegserklärung des Weltjudentums“ an Deutschland gedruckt hatte; mit den Nürnberger Rassegesetzen, die den Juden Grundrechte nahmen und „die blutsfremden Staatsangehörigen von den staatsangehörigen Volksgenossen“ schied; mit dem Hinauswurf der Juden aus Beamtenschaft, freien Berufen und Kunstbetrieb; mit amtlichen Zwangsbeinamen Sarah und Israel für Juden, einem „J“ im Reisepaß und schließlich dem gelben Judenstern auf der Kleidung. Die braunen Horden aber brüllten „Deutschland erwache - Juda verrecke“.
Den willkommenen Anlaß für den vorerst wüstesten antisemitischen Exzeß lieferte 1938 ein junger Jude, der aus Rache für die Mißhandlung seiner Eltern bei der Ausweisung nach Polen einen deutschen Diplomaten in Paris erschossen hatte. Daraufhin inszenierten die Nazis „spontan“ die „Reichskristallnacht“. In dieser Orgie von Gewalt und Feuer wurden 191 Synagogen und 171 Wohnhäuser gebrandschatzt, 7500 Geschäfte geplündert, 91 Juden erschlagen und 26.000 Juden in „Schutzhaft“ genommen.
Die infame Rache der Nazis hatte sich gewaschen: Als „Auslöser“ dieses Pogroms wurden die deutschen Juden kollektiv zum Schadensersatz an die Versicherungen und zu einer „Sühneleistung“ von 7 Milliarden Mark (Geldwert 1996) verdonnert. In der Konsequenz noch härter traf die Verordnung über den Ausschluß der Juden aus dem deutschen Wirtschaftsleben. Das hieß „Arisierung“ und war glatte Enteignung von Betrieben.
Die meisten deutschen Juden begriffen nicht (oder hatten dafür nicht mehr das Geld), daß sofortige Auswanderung ihre letzte Chance war.

In seinem schwülstig-programmatischen Buch „Mein Kampf" (1925) qualifizierte Hitler das Judentum als „Parasiten im Körper anderer Völker, der das Blut der anderen vergiftet". Dort steht auch: „Es kann nicht zwei auserwählte Völker geben. Wir sind das Volk Gottes. Zwei Welten stehen einander gegenüber! Der Gottesmensch und der Satansmensch, der Arier und der Jude." Und schon 1933 drohte Hitler: „Wenn ich die Blüte der Deutschen in die Stahlgewitter des kommenden Krieges schicke, sollte ich dann nicht das Recht haben, Millionen einer minderwertigen, sich wie Ungeziefer vermehrenden Rasse zu beseitigen?"

Am Vorabend des Zweiten Weltkriegs aber, am 30. Januar 1939 , schob der Planer der größten Angriffskriege des 20. Jahrhunderts in unnachahmlicher Infamie seinen „rassebiologisch wertlosen" Prügelknaben vor: „Wenn es dem internationalen Judentum gelingen sollte, die Völker noch einmal in einen Weltkrieg zu stürzen, dann wird das Ergebnis nicht der Sieg des Judentums sein, sondern die Vernichtung der jüdischen Rasse in Europa."

Den mündlichen Auftrag dazu erteilte Hitler im März 1941 auf dem Obersalzberg dem innersten Kreis der Nazi-Verschwörer gegen Humanität, Völkerrecht und Juden. Er legte Göring, Himmler, Heydrich und Konsorten die Richtlinien zum industriell organisierten Massenmord vor: „Evakuierung" der Juden in osteuropäische „Sondergebiete".

Genau genommen kämpfte Hitler gegen Briten und Franzosen an der rasseideologisch „falschen" Front, der „richtige" Stoß zielte auf den „Lebensraum im Osten". Dort ortete schließlich auch die berüchtigte Wannsee-Konferenz, auf der am 20. Januar 1942 „die Durchführung der Endlösung der Judenfrage" festlegt wurde, die „biologische Substanz" der Juden: deren 9,2 Millionen in Polen, Ungarn, Rumänien und in der Sowjetunion.

Diese Konferenz entschied sich für eine Methode, die Hitlers Propagandaminister Goebbels „Vernichtung durch Arbeit" genannt hatte - Ausbeutung der jüdischen Arbeitskraft für die deutsche Kriegsindustrie. Allerdings sei dann der „widerstandsfähigste Teil" der Juden, der diese „natürliche Auslese" überstehe, gesondert zu behandeln, damit „keine Rächer für unsere Söhne und Enkel groß werden". Deshalb erklärte Goebbels die Juden überhaupt gleich für „bedingungslos ausrottbar".

Dafür gaben sich auch Teile des Offizierscorps her, so der Generalfeldmarschall Reichenau mit seinem berüchtigten Befehl vom 10. Oktober 1941: Der Krieg im Osten sei der „Vernichtungskampf gegen das jüdisch-bolschewistische System". Das mache den Soldaten zum „Träger einer unerbittlichen völkischen Idee und zum Rächer für alle Bestialitäten" am Deutschtum. Folglich müsse der Soldat für die „Notwendigkeit der harten, aber gerechten Sühne am jüdischen Untermenschentum volles Verständnis haben". Hitler lobte diesen Befehl als „ausgezeichnet", worauf ihn die Führung der Wehrmacht allen Kommandostellen im Osten weitergab.

Das Ausrotten der Juden hatte indessen den „Einsatzgruppen" der SS nach dem Überfall auf Polen unerwartete Probleme bereitet. Diese Spezialeinheiten betrieben hinter der Front „die möglichst restlose Beseitigung des Judentums" und brüsteten sich zum Beispiel am 31. Januar 1942 mit der „Exekution von bislang 229.052 Juden" allein im Baltikum. Ein anderer Bericht bemängelte allerdings: „Gegen die sehr zahlreichen Erschießungen von Juden wäre nichts einzuwenden, wenn man nicht die Hingerichteten meist an Ort und Stelle liegen ließe." Überhaupt könne man Millionen Juden weder erschießen noch vergiften.

Also ersann Hitler andere „Eingriffe", die just am 1. September 1939 im Lärmschatten des Überfalls auf Polen begannen. An diesem Tag befahl Hitler den Mord an „unnützen Essern", und 115.000 Behinderte verfielen der „Euthanasie" - vorwiegend durch Auspuffgase, die in getarnte Gaskammern geleitet wurden. Im September 1939 begann auch die plan-

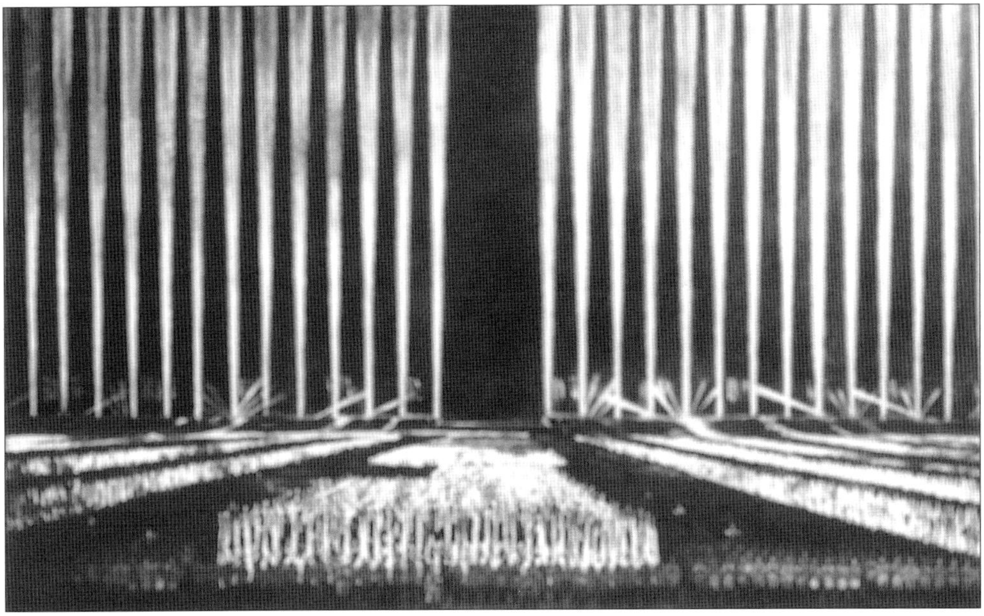

Zur ausgefeilten Selbstdarstellung des Nazi-Regimes gehörten die Reichsparteitage in Nürnberg. Dort stärkten Marschblöcke und Säulen aus Scheinwerferlicht das Selbstgefühl von Macht und Größe. Vor dieser Szene gewannen die abendlichen Auftritte und Reden Hitlers auf den Nürnberger Parteitagen an Wirkung. *Bild: Staatsarchiv*

Im April 1943 sagte Hitler einmal, es wäre entsetztlich, wenn der Berghof nach seinem Tode zu einem Museum würde. Diese Sorge zerstreuten die Alliierten mit dem Bombenangriff vom 25. April 1945. Vom Berghof blieb nur mehr eine rußgeschwärzte Ruine, die dann später gesprengt wurde. *Bild: Baumann*

mäßige Ausrottung von annähernd 500.000 Zigeunern.
Das war der Karrieresprung des Angriffskriegers Hitler zum Massenmörder.
Am 8. Dezember 1941 setzte im polnischen Vernichtungslager Chelmno der industriell organisierte Massenmord an jenen Juden ein, die nach amtlichem Jargon „nicht arbeitsfähig sind“. Und alsbald lief das Programm nach den Vorgaben der Wannsee-Konferenz: Zusammenfassung aller Juden in Hitlers Machtbereich in Durchgangsgettos, „Selektion“ der nicht arbeitsfähigen zur sofortigen Vergasung (anfangs mit Kohlenmonoxid, später mit dem ungleich wirksameren Zyklon B), totale Ausbeutung der arbeitsfähigen Juden für die Kriegswirtschaft, anschließend Vergasung und Verbrennung in den Vernichtungslagern Chelmno, Belzec, Sobibor, Majdanek, Treblinka und Auschwitz-Birkenau.
Am 27. März 1942 vertraute Goebbels seinem Tagebuch an: „Es wird hier ein ziemlich barbarisches Verfahren angewandt, und von den Juden selbst bleibt nicht viel übrig. Auch hier ist der Führer der unentwegte Vorkämpfer einer radikalen Lösung.“
Diese kämpferische Rolle offenbart auch das Protokoll einer Besprechung bei Hitler im August 1942 über die „Endlösung der Judenfrage“. Dabei erklärt der Buchhalter der „Endlösung“ in Polen, der SS-Führer und frühere Wiener Gauleiter Odilo Globocnik: „Meine Herren, wenn je nach uns eine Generation kommen sollte, die so schlapp und so knochenweich ist, daß sie unsere große Aufgabe (= Judenvernichtung; d. A.) nicht versteht, dann ist der ganze Nationalsozialismus umsonst gewesen. Ich bin im Gegenteil der Ansicht, daß man Bronzetafeln (in den Massengräbern für Juden) versenken sollte, auf denen festgehalten ist, daß wir den Mut gehabt haben, dieses große und notwendige Werk durchzuführen.“ Dazu Hitler: „Gut Globocnik, das ist allerdings auch meine Ansicht!“
Dieser blindwütige Rassenhaß verführte Hitler zur unglaublichen Dummheit, die Kernphysik als „jüdische Physik“ abzutun und deshalb auch die Entwicklung der Atombombe als militärisch nutzlos abzulehnen (dazu hätten ohnedies Zeit und Mittel gefehlt).
So hat also der Mann, der auf dem Obersalzberg Kinder streichelte, auch Millionen Juden auf dem Gewissen: Mindestens 3 Millionen Vergaste und mindestens 2 Millionen Opfer der „Einsatzgruppen“, der „Vernichtung durch Arbeit“ und der „Getto-Säuberungen“.
Und jener Mann, der sich im Berghof charmant eleganter Damen annahm und als umsichtiger Hausherr vor Gastmählern sogar die Gedecke überprüfte, dozierte seiner Tischrunde: „Wir werden die Gesundheit nur erlangen, wenn wir den Juden ausrotten.“ Seinem Sekretär Bormann diktierte er noch am 2. 4. 1945: „Man wird ewig dafür dankbar sein, daß ich die Juden in Europa ausgelöscht habe.“
Der Mann aber, der auf dem Obersalzberg mit Hunden spielte und Rehe herzte, blieb bis zu seinem Selbstmord am 30. 4. 1945 im Bunker unter den Trümmern der Berliner Reichskanzlei der hemmungslose Hasser. Sein Testament vom Tag vorher endet mit diesem irrwitzig infernalischen Satz: „Vor allem verpflichte ich die Führung der Nation und die Gefolgschaft zur peinlichen Einhaltung der Rassegesetze und zum unbarmherzigen Widerstand gegen den Weltvergifter aller Völker, das internationale Judentum.“

Hitler - der Kriegsverbrecher

21. August 1939, Abendessen im Berghof. Eine Ordonnanz reichte Hitler einen Zettel. Hitler überflog ihn, starrte vor sich hin, lief rot an und hämmerte plötzlich mit den Fäusten auf den Tisch. „Ich hab´sie, ich hab´sie", schrie er mit überkippender Stimme, faßte sich sofort wieder, beendete schweigend das Mahl und verkündete schließlich: „Wir werden einen Nichtangriffspakt mit Rußland abschließen. Hier, lesen Sie, ein Telegramm Stalins."

Der Weg war frei zur Sensation vom 24. August, dem Pakt zwischen Eis und Feuer. Da vereinbarten der Rechts-Totalitarist Hitler und der Links-Totalitarist Stalin die Aufteilung Polens

Freizeit auf dem Obersalzberg. Reichsmarschall Göring, zuständig u. a. für die Kriegswirtschaft und die Luftwaffe, posierte gerne als Sportler und unternahm sogar am Seil einiger Bergführer eine Klettertour auf den Kleinen Watzmann. Hitler betrieb keinerlei Sport, obschon er ihn den Deutschen und vor allem der Jugend dringend empfahl („Flink wie Windhunde, zäh wie Leder, hart wie Kruppstahl"). Hitler begnügte sich auf dem Obersalzberg mit einem täglichen Spaziergang zum Teehaus auf dem Mooslahnerkopf. Man beachte auf diesem Bild den Dolch, den Göring in Zivil gerne zum Kennzeichen seiner Würde als „Reichsjägermeister" am Gürtel trug. *Bild: Baumann*

Hitler, der Parteichef. Auf diese diktatorische Rolle zugeschnitten formulierte das amtliche Parteihandbuch von 1936 „die Gebote des Nationalsozialisten: Der Führer hat immer recht! Das Programm sei dir Dogma; es fordert von dir äußerste Hingabe an die Bewegung! Recht ist, was der Bewegung und damit Deutschland nützt! Das Führerkorps ist für die restlose Durchdringung des deutschen Volkes im nationalsozialistischen Geist verantwortlich. Der Wille des Führers ist oberstes Gesetz der Partei."

Bild: Staatsarchiv

und die Abgrenzung von Interessenzonen in Osteuropa. Das rettete zwar Hitler den Termin zum Überfall auf Polen am 1. September, widersprach aber seiner Prophezeiung aus „Mein Kampf": Jedes deutsch-russische Bündnis führe unvermeidlich zum Krieg, „der das Ende Deutschlands bedeutet". Was wogen da die Hakenkreuz-Armbinden, die jetzt hunderte Parteigenossen über den Zaun der Parteizentrale in München warfen aus Protest gegen den verräterischen Pakt mit der „jüdisch-bolschewistischen" Tyrannei?

Hitler hatte seinen Triumph, den er am Morgen nach Stalins Telegramm den versammelten militärischen Befehlshabern auf dem Obersalzberg auseinandersetzte: „Nun ist Polen in der Lage, in der ich es haben wollte. Wir brauchen keine Angst vor Blockade (durch die Westmächte) zu haben. Der Osten liefert uns Getreide, Vieh, Kohle, Blei, Zink. Ich werde den propagandistischen Anlaß zur Auslösung des Krieges geben, gleichgültig ob glaubhaft. Der Sieger wird später nicht danach gefragt, ob er die Wahrheit gesagt hat. Bei Beginn des Krieges kommt es nicht auf das Recht an, sondern auf den Sieg."

An jenem Morgen bekam Hitler freie Bahn zum Höhepunkt seiner Karriere. Und er überraschte die Welt mit „Blitzkriegen", vorbereitet mit schweren Schlägen einer gewaltigen Luftwaffe und vorangetrieben von riesigen, hochmobilen Panzerverbänden.

Am 1. September überfiel Hitler Polen, am 27. September kapitulierte Warschau. Aber Bündnisse mit Polen zogen sogleich England und Frankreich in den Krieg, doch beide Staaten nützten nicht die Chance, die schwache deutsche Westfront anzugreifen. Im April 1940 nahm Hitler Dänemark und Norwegen im Handstreich, um den Nachschub an schwedischem Erz zu sichern - und kam dabei den Briten um wenige Tage zuvor. Am 10. Mai beendete Hitler den „Sitzkrieg" im Westen und warf die neutralen Staaten Niederlande und Belgien sowie Frankreich binnen 42 Tagen nieder. Daran änderte vorerst auch Görings erste große Pleite im Juni 1940 in Dünkirchen nichts. Der Reichsmarschall wollte das an der Küste eingekesselte britische Expeditionsheer von 338.000 Soldaten mit seiner Luftwaffe erledigen und erwirkte von Hitler den Befehl, daß die deutschen Panzerverbände vor Dünkirchen stoppen. Doch mehrere Tage lag Dünkirchen unter dichtem Qualm der im Hafen brennenden Öltanks. Also konnte Görings Luftwaffe nicht sehen, wie das britische Heer über den Ärmelkanal entkam.

Nun aber, da die Wehrmacht Hitler als „größten Feldherrn aller Zeiten" („Gröfaz") feierte, bahnte sich das Unheil an: Hitler hatte seine militärische Unfehlbarkeit „bewiesen" und hörte fortan nicht mehr auf die Ratschläge seiner Generäle. Welch ein Aufstieg für einen Mann, der seine Karriere mit sozialem Abstieg begonnen hatte. Aber die große Parade in Berlin nach dem Sieg über Frankreichs war Hitlers letzter Triumph. Wohl verfestigte sich die Unbelehrbarkeit eines Mannes, der als einer der kenntnisreichsten und vielseitigsten militärtechnischen Spezialisten seiner Zeit galt. Gleichwohl blieb er militärisch der Dilettant, der den Sinn von systematischem Fachwissen nicht begriff und stattdessen laienhafte Entschlußfreude mit der „Intuition" des Könners verwechselte. Hitler blieb der Halbgebildete, der längst nicht alles, wohl aber alles besser wußte - unfähig zur Selbstkritik, in keinem Beruf bewährt.

„Ja, hier reifen meine Gedanken." So rühmte Hitler einmal den Vorzug seiner weltpolitischen Bühne auf dem Obersalzberg und fügte hinzu, daß er hier die innere Ruhe und Sicherheit für seine überraschenden Entscheidungen finde. Hier freilich stießen ihn auch überraschende Entscheidungen anderer aus dem Gleichgewicht.

So am 11. Mai 1941 gegen Mittag, als der Adjutant des Führer-Stellvertreters Rudolf Heß mit einem dringenden Brief in Hitlers Tagesbesprechung platzte. Hitler überflog das Schreiben und fuhr wutschnaubend auf, als er las, daß Heß am Abend vorher nach Schottland habe fliegen wollen, um mit England Friedensverhandlungen aufzunehmen: „Hoffentlich stürzt er ins Meer!" Doch die unerwünschte Friedenstaube war zu diesem Zeitpunkt längst mit dem Fallschirm im Ziel (und dann in der Internierung) gelandet. Heß hatte unter technischen Vorwänden seine ME-110 mit Zusatztanks für die überlange Flugstrecke ausstatten lassen.

Der tobende Hitler griff den schriftlichen Vorschlag Heß´ auf, ihn für verrückt zu erklären, falls ihm die Friedenmission zu den Briten mißfiele. Prompt setzte Propagandachef Goebbels die Erklärung in Umlauf, Heß habe an beginnender Umnachtung und Depressionen gelitten. Für diese Darstellung hatte Heß als Hitlers Sekretär in München (für monatlich 2100 Mark nach dem Geldwert von 1996) sowie später als Führer-Stellvertreter in der Partei reichlich An-

Die Selbstdarstellung des Staatsmannes Hitler vor der gewaltigen Szenerie des Obersees. Ein psychologisch aufschlußreiches Detail: Hitler hält eine Reitpeitsche in der Hand. Bild: Staatsarchiv

laß geboten. Er galt nicht nur als „hingebungsvollster Untergebener" des Führers und als wahnwitziger Jagdflieger, „der sogar durch Scheunentore braust". Man hielt ihn zumindest für arg verschroben, weil er sich mit Hellsehern, Heilpraktikern, Naturaposteln, Wahrsagern, Astrologen und Okkultisten umgab. Deshalb ließ der zornige Hitler auf der Stelle auch alle diese Leute aus Heß´ Bekanntenkreis verhaften und generell derartige Praktiken verbieten. Für den nächsten Tag (13. Mai 1941) zitierte Hitler alle Gauleiter und Parteigranden auf den Obersalzberg. Ihnen eröffnete er, daß ihm dieser Vertrauensbruch Heß´ einen der schwärzesten Tage seiner Karriere beschert habe - und das in einem Augenblick, da im Osten „unsere Divisionen in Alarmbereitschaft stehen und zu jeder Stunde den Befehl zum bisher schwersten militärischen Einsatz erhalten können". Die braune Elite begriff: Der Fall „Barbarossa" - der Überfall auf die UdSSR - stand unmittelbar bevor. Hitler aber zitterte: Würde Heß den Briten den umgemein geschickt getarnten Aufmarsch von 3,2 Millionen Mann, 600.000 Motorfahrzeugen, 3580 Panzern, 2740 Flugzeugen und 7184 Geschützen im Osten verraten? Nein, Heß verriet nichts.

An diesem 13. Mai 1941 erging an die Wehrmacht der „Kriegsgerichts-Befehl": Zivilisten im Osten unterstünden nicht den Militärgerichten, Ausschreitungen von Soldaten gegen Zivilisten seien nicht unbedingt zu ahnden. Das falle nun „im Auftrage des Führers" der SS als eine jener „Sonderaufgaben" zu, „die sich aus dem endgültig auszutragenden Kampf zweier entgegengesetzter politischer Systeme ergeben". Weniger vage definierte dann der berüchtigte „Kommissar-Befehl" diese „Sonderaufgaben": Liquidierung von politischen Kommissaren, Juden und Popen.

Beide Befehle konkretisierten, was Hitler der militärischen Führung am 30. März 1941 als Leitmotiv bei der Eroberung neuen Lebensraums gesetzt hatte: „Es handelt sich um einen Vernichtungskrieg. Wir führen nicht Krieg, um den Feind zu konservieren."

Der bornierte Rassist Hitler schaltete somit den Instinktpolitiker Hitler aus und verspielte die riesige strategische Chance, Vorteile aus Lenins und Stalins brutaler Minderheitenpolitik zu ziehen. Ukrainer, Weißrussen und andere Sowjetvölker feierten die Wehrmacht erst als Befreier - bis ihnen Einsatzgruppen und SS mit enthemmter Brutalität beibrachten, was SS-Chef Himmler im Mai 1940 in einer Denkschrift festgelegt hatte: Das „führerlose Arbeitsvolk" im Osten müsse künfig nur mehr drei Dinge beherrschen: „Bis 500 zu zählen, den Namen zu schreiben sowie das göttliche Gebot, den Deutschen gehorsam und ehrlich, fleißig und brav zu sein." Dieser Wahnsinn erlaubte es Stalin, die Völker der UdSSR für den „Großen Vaterländischen Krieg" zu einen und dafür sogar den Segen der vordem brutal verfolgten orthodoxen Kirche zu bekommen.

Am 22. Juni 1941 überfiel Hitler die Sowjetunion und trieb die Rote Armee in Blitzkrieg-Strategie von einer vernichtenden Kesselschlacht zur nächsten; und das in einem Tempo, daß Truppen-Kommandeure stöhnten: „Vor uns kein Feind, hinter uns kein Nachschub." Fünf Monate später freilich endeten „Blitzkrieg" und Hitlers strategisches Latein in den Minenfeldern und Schneestürmen vor Moskau.

Neubraune Fabulierer schieben Mussolini gerne die Schuld dafür zu, daß der Angriff auf die UdSSR um sechs Wochen zu spät begonnen habe, weshalb Moskau nicht mehr erobert worden sei. Diese Argumentation verschweigt, daß nicht die Eroberung Moskaus, sondern die endlose Weite und die unerschöpflichen Reserven Rußlands den Ausschlag gaben.

Allerdings mußte Hitler im Frühjahr 1941 tatsächlich seinen großspurigen italienischen Bündnispartner aus zwei blamablen Patschen helfen: Im Februar 1941 sprang das legendäre „Afrikakorps" unter Führung des „Wüstenfuchses" General Erwin Rommel in Nordafrika ein, wo die Italiener bei einem Vorstoß aus ihrer Kolonie Libyen nach Ägypten von den Briten zu unterliegen drohten.

Zwei Monate später besetzte Hitler Jugoslawien

und Griechenland, um auf dem Balkan Ruhe zu schaffen. Das kleine Griechenland hatte nämlich den Italienern schon ein Drittel Albaniens abgejagt; jenes Landes, das Mussolini 1939 in einem Anfall von Größenwahn besetzt und zur Basis für einen Überfall auf Griechenland ausgebaut hatte.
Das kostete Hitler gewiß viel Zeit, Mann und Material. Allerdings ändern Mussolinis mißglückte Abenteuer in Nordafrika und auf dem Balkan nichts an der Wende in die Katastrophe, die Hitler am 11. Dezember 1941 mit der Kriegserklärung an die USA noch beschleunigte. Drei Tage zuvor hatten die Japaner Pearl Harbor überfallen. Sogleich sprang Hitler in größenwahnsinniger Arroganz seinem japanischen Bündnispartner gegen die „vernegerten" USA bei - eine Industriemacht, die außer Deutschlands Reichweite lag und binnen zwei Jahren die Summe der Kriegsproduktion Deutschlands, Italiens und Japans um das Doppelte ausstach.
Im März 1942 eröffneten die Alliierten den Luftkrieg gegen deutsche Städte. Die kriegsentscheidende „Querschnittlähmung" an der deutschen Heimatfront trat im Mai 1944 binnen weniger Tage ein, als sich Hitler wieder einmal von seinen Anstrengungen auf dem Obersalzberg erholte: Massierte Angriffe auf Hydrierwerke (= Erzeugung von Benzin aus Kohle) reduzierten die deutsche Tagesproduktion an Treibstoff von 7000 auf 120 Tonnen.
Damit entschwand auch die Hoffnung auf eine vermeintlich kriegsentscheidende Wunderwaffe: Die wenigen Modelle aus der ersten Serie des Düsenjägers kamen nicht mehr vom Boden. Und die Raketen erwiesen sich als unausgereifter Fehlschlag: Diese „V-Waffen" waren als Vergeltung (daher „V") für die Bombenangriffe der Alliierten gedacht, reichten bis zu 350 km weit, transportierten aber viel weniger Sprengstoff als Bomber, trafen zudem ungenau und wurden häufig abgeschossen, weil sie langsamer flogen als die Jagdmaschinen der Alliierten
Am 3. November 1942 bezog das deutsche „Afrikakorps" bei El Alamein die für den Afrikakrieg entscheidende Niederlage, vier Tage später landeten Amerikaner und Briten in Marokko und Algerien, am 13. Mai 1943 kapitulierten 260.000 Deutsche und Italiener in Tunis. Im Januar 1943 legten sich die Alliierten in Casablanca auf die bedingungslose Kapitulation Deutschlands, Italiens und Japans fest, „was nicht die Vernichtung der Bevölkerung" dieser Länder, sondern nur einer imperialistischen Weltanschauung bedeutete.
Im Februar 1943 bezog Hitler durch die Katastrophe einer in Stalingrad eingeschlossenen 280.000-Mann-Armee die im Osten kriegsentscheidende Niederlage. 18 Tage hernach erntete Goebbels im Berliner Sportpalast von der braunen Elite frenetische Zustimmung auf die rhetorische Frage: „Wollt Ihr den totalen Krieg? Wollt Ihr ihn wenn nötig totaler und radikaler, als wir ihn uns heute überhaupt noch vorstellen können?"
Fünf Monate später landeten die Alliierten auf Sizilien, am 10. September 1943 eroberten sie Rom.
Im Mai 1943 brach Hitler - abermals auf Erholungsurlaub im Berghof - wegen verheerender Verluste an U-Booten die „Schlacht im Atlantik" ab, die systematischen Angriffe auf die amerikanischen Nachschubrouten nach Europa. Von 39.000 Matrosen auf deutschen U-Booten überlebten nur 6.000 den Krieg.

Hitler - der Hochverräter

Über die Salzburger Voralpen dämmerte der 6. Juni 1944 herauf. Wie üblich hatte Hitler am Vorabend im Berghof lange Monologe gehalten und einen Film angesehen, ehe er sich gegen 2 Uhr zu Bett begab. Um 3 Uhr alarmierte die Nachricht vom Einfall starker Luftlandetruppen in der Normandie den Obersalzberg, drei Stunden später folgte die erste Meldung über den Beginn der Invasion. Niemand wagte aber Hitler zu wecken, weil das doch der erwartete „Scheinangriff" war, wie ein gefälschter Angriffsplan vorgab, den die Briten dem deutschen Oberkommando zugespielt hatten.

Wie üblich stand Hitler um 10 Uhr auf, um zu frühstücken - und begann zu toben, nachdem er endlich die ersten Meldungen durchgesehen hatte. Invasion oder nicht? Finte, um vom „Hauptangriff" in der Straße von Calais abzulenken, wie für „Gröfaz" Hitler feststand? In jedem Fall aber aus Hitlers Sicht: „Wenn die Invasion nicht abgeschlagen wird, ist der Krieg für uns verloren."

Einen halben Tag später gab sich Hitler vor hundert Vertretern der Rüstungsindustrie im „Platterhof" auch noch galgenhumorig: „Wenn dieser Krieg verlorenginge, meine Herren, dann bleibt nur, daß jeder einzelne sich seine private Umstellung vom Diesseits zum Jenseits überlegt: ob er das persönlich machen will, oder ob er sich aufhängen lassen will oder ob er sich einen Genickschuß geben lassen will."

Im historischen Rückblick wirkt dieses Witzeln

Der Bombenangriff vom 25. April 1945 verwandelte den Obersalzberg in einen Trümmerhaufen, den die US-Luftwaffe später fotografisch genau dokumentierte (daher das US-Flugzeug in der Bildmitte). Rechts im Bild erkennt man den die Ruine des „Türken", darüber das Kindergartenhaus, die SS-Kaserne und die Großgarage für die Dienstwagen. Von rechts kommt auch die zerstörte Straße ins Bild und führt im Bogen hinauf zum zerstörten Gewächshaus, dessen Flächen und Stützmauern aus Beton heute als Parkplatz dienen. Ganz links im Bild die Ruine des Bormann-Hauses. *Bild: Staatsarchiv*

Bis zum großen Umbau von 1935/36 genügte dem „Volkskanzler" Hitler noch das ursprüngliche Haus Wachenfeld, wenngleich erweitert um eine Terrasse, einen Wintergarten und Garagen. Die breite Auffahrt zum Parkplatz lag bereits vollständig im abgezäunten und streng bewachten „Führergelände", vor dem sich die Schaulustigen drängten, um einen Blick vom Führer zu erhaschen. Dieses Bild wurde vom Gasthof „Türken" aus aufgenommen. Verständlich, daß dieses Haus für Hitlers Wachmannschaft requiriert und erst nach dem Krieg - als Ruine - wieder den Eigentümern zurückgegeben wurde.

Bild: Baumann

makaber, denn längst hatte der Massenmörder und Kriegsverbrecher Hitler die Schwelle zum Hochverräter an Deutschland überschritten: Er verweigerte die unausweichliche Kapitulation und opferte bedenkenlos Millionen Deutsche, um sein eigenes Leben zu verlängern.

Kurz vor dem Überfall auf Polen hatte Hitler dieses Leitmotiv gegeben: „Solange ich lebe, wird von Kapitulation nicht gesprochen."

Nach dem Angriff auf Polen trat Hitler in Soldatenuniform vor den Reichstag: „Ich habe damit wieder jenen Rock angezogen, der mir selbst der heiligste und teuerste war. Ich werde ihn nur ausziehen nach dem Sieg - oder ich werde dieses Ende nicht mehr erleben." Was er bei einem Fehlschlag zu tun gedächte, hatte Hitler mehrfach in Aussicht gestellt: „Dann mache ich in fünf Minuten mit der Pistole Schluß."

Aus der Selbstherrlichkeit des schrankenlosen Diktators hatte Hitler bereits 1924 einem innerparteilichen Konkurrenten entgegengeschleudert: „Ich irre mich nie, jedes meiner Worte ist historisch."

Entlarvend ist auch Hitlers Hohn von 1934 für die Konservativen, die ihm vordem in einer Koalition als politische „Steigbügelhalter" durchaus willkommen waren: „Sie irren sich alle, sie unterschätzen mich, weil ich von unten komme, weil ich keine Bildung habe, weil ich mich nicht zu benehmen weiß, wie es in ihren Spatzenhirnen als richtig gilt. Ich brauche sie nicht, um mir von ihnen meine geschichtliche Größe bestätigen zu lassen."

Und 1936 brüstete er sich ausgerechnet vor dem Münchner Kardinal Faulhaber auf dem Berghof mit seinem charakteristischen Entweder-Oder:

„Es gibt für mich zwei Möglichkeiten: Mit meinen Plänen durchzukommen oder zu scheitern. Komme ich durch, dann werde ich einer der Größten der Geschichte - scheitere ich, werde ich verurteilt, verabscheut und verdammt werden.“

Im November 1939 eröffnete Hitler den versammelten Generälen: „Als letzten Faktor muß ich in aller Bescheidenheit meine eigene Person nennen: unersetzbar. Das Schicksal des Reiches hängt nur von mir ab.“

Drei Monate vorher hatte er einem Vertreter des Völkerbundes (= Vorläufer der Nachkriegs-UNO) klargelegt: „Ich werde bis zum letzten rücksichtslos kämpfen.“

Daß Hitler sehr wohl begriff, was sich in der Schneewüste vor Moskau anbahnte und was er den Deutschen anzutun gedachte, bestätigt eine unfaßbar zynische Bemerkung zu Weihnachten 1941: „Wenn das deutsche Volk einmal nicht mehr stark und opferbereit genug ist, sein eigenes Blut für seine Existenz einzusetzen, so soll es vergehen und von einer anderen stärkeren Macht vernichtet werden. Ich werde dann dem deutschen Volk keine Träne nachweinen.“

Natürlich setzten die Deutschen ihr Blut keineswegs für ihre Existenz ein, sie mußten es für Hitlers Größenwahn zwangsweise opfern.

Folgerichtig erließ Hitler dann auch am 19. März 1945 den (von Rüstungsminister Speer sabotierten) „Nero-Befehl“ an die Wehrmacht und an alle Gauleiter. Sämtliche Verkehrs-, Versorgungs- und Industrie-Anlagen sowie alle Sachwerte im deutschen Rumpfreich seien zu zerstören, denn:“ Das Volk hat sich als das schwächere erwiesen, und dem stärkeren Ost-

Nach dem Krieg wurde die Ruine des Berghofs zu einem beliebten Ausflugsziel. Damit dieser Ort nicht zum politischen Wallfahrtsort entarte, wurde das Gemäuer bis auf Reste der Stützmauern aus Beton gesprengt. Heute ist dieses Gelände neben der Straße von Berchtesgaden herauf Wald. Bild: Baumann

Von Hitlers Berghof blieb nach dem Bombenangriff vom 25. April 1945 nur mehr ein Trümmerhaufen, den die US-Luftwaffe fotografisch dokumentierte (daher das US-Flugzeug in der Bildmitte). Oberhalb des Berghofs sieht man links das Kindergartenhaus und rechts dahinter die SS-Kaserne. Dieses Gebiet ist heute völlig bewaldet. Vom Berghof und der SS-Kaserne sind noch von Gebüsch stark verwachsene Reste der Fundamente erkennbar. *Bild: Staatsarchiv*

volk gehört ausschließlich die Zukunft. Was nach diesem Kampf übrigbleibt, sind nur die Minderwertigen, denn die Guten sind gefallen."
Dagegegen nimmt sich der von braunen Alt-Ariern immer wieder gebrandmarkte (jedoch von Präsident Roosevelt abgelehnte) Plan des US-Wirtschaftsministers Morgenthau schlichtweg paradiesisch aus: Das geschlagene Deutschland müsse in ein Agrarland verwandelt werden, damit es nie wieder einen Krieg anzetteln könne.
Den Hochverrat am deutschen Volk verschärfte Hitler mit der Infamie, die Überlebenden als „Minderwertige" hinzustellen, nachdem er die „Guten" in den „Stahlgewittern" seiner Angriffskriege bedenkenlos verheizt hatte.
Damit rückt nun abermals der Berghof auch als Mittel der politischen Selbstinszenierung Hitlers ins Bild: Bis zum Sieg über Frankreich wurde es vom Kinder- und Tierfreund, vom leutseligen Urlauber, vom zivil gekleidete Privatmann geprägt. Zunehmend posierte Hitler auch als staatsmännischer Gastgeber für publikumswirksame Prominenz.
Nach dem Umbau des Berghofs empfing er dort 1936 den britischen Expremier Lloyd George, im Jahr darauf den Herzog von Windsor, der wegen seiner Heirat mit einer geschiedenen Amerikanerin die britische Krone hatte ablegen müssen.
Im Februar 1938 zitierte Hitler den österreichischen Bundeskanzler Kurt Schuschnigg auf den Obersalzberg, um durch unerfüllbare Bedingungen die Falle für den „Anschluß" Österreichs einen Monat später zu stellen.
Im September 1938 nötigte Hitler dem betagten

britischen Premier Neville Chamberlain wegen der Sudetenkrise eine Reise zum Obersalzberg auf.

Insgesamt wurden auf dem Berghof von Sommer 1936 bis zum 14. Juli 1944 - Hitlers endgültigem Abschied vom Obersalzberg - 39 Gäste im Rang von Staatsbesuchern oder Botschaftern registriert, davon fielen 13 in Friedenszeiten. 23 Gäste waren Bündnispartner oder Satelliten (wie Kroatien, die Slowakei, Rumänien oder Bulgarien), sechsmal kam der italienische Außenminister Ciano, zweimal Mussolini, dreimal Japans Botschafter Oschima.

Andrerseits verdeutlicht die Besucherliste auch die internationale Isolierung Hitlers. Sie fiel ab dem Angriff auf die Sowjetunion im Juni 1941 auch zusammen mit wachsender Vereinsamung Hitlers. Nach den ersten Mißerfolgen mied er zunehmend die Öffentlichkeit. Er weigerte sich, seine Geisterwelt zu verlassen, zerbombte Städte zu besuchen und die Menschen dort aufzumuntern. Stattdessen schwelgte er in Luftschloßarchitektur für Berlin und Linz.

Die großen Niederlagen ab der Jahreswende 1942/43 entlarvten die Führungsschwäche Hitlers: Ihm fehlten die Erfolge, mit denen er die Massen demagogisch hätte aufputschen können. Daß diese Erfolge ausblieben, legte er in beispielloser Infamie dem „deutschen Volk“ zur Last.

„Sieg heil unserem Volkskanzler“, so begrüßte im Frühjahr 1933 die Schrifttafel auf dem Triumphbogen über dem Gatter vor dem Haus Wachenfeld den Hausherrn. Noch genügten je ein Mann von SA (links) und SS als Wache an der schmalen und steilen Zufahrt. Doch die Bauhütte kündigt bereits große Veränderungen für den Bedarf eines Kanzlers und Parteichefs an. Es wurden ein Wintergarten, eine große Terrasse, darunter eine geräumige Garage, davor ein großer Parkplatz und von diesem zur Straße eine breite und weniger steile Zufahrt gebaut. Zwölf Jahre später war dieser Ort gleich Hitlers imperialistischem „Dritten Reich“ ein Trümmerhaufen.

Bild: Bauman

1945 stand der Alles-oder-Nichts-Hasardeur Hitler vor dem Nichts. Da griff er zur Pistole und entzog sich der Verantwortung.
Binnen 12 Jahren hat er das Gegenteil alles dessen bewirkt, was er versprochen und angestrebt hatte: Deutschland wurde vernichtet. 7 Millionen Deutsche starben für nichts, 12 Millionen Deutsche wurden von den osteuropäischen Opfern des Aggressors Hitler vertrieben. 33 Millionen Menschen kamen in anderen europäischen Ländern ums Leben. Deutschland und Europa blieben ein halbes Jahrhundert geteilt (und verschleuderten dafür astronomische Summen), Europa wurde machtpolitisch deklassiert, die UdSSR und die USA überzogen die Welt mit Kaltem Krieg.
Von Hitlers Tatorten blieb der Welt bis heute eine Vielzahl als Schreckensbegriff, als Mahnmal oder als Dokumentation des Grauens erhalten. So Konzentrationslager wie Dachau, Buchenwald oder Mauthausen; so Vernichtungslager wie Auschwitz; so Stätten der ausgeklügelt qualvollen Hinrichtung von Regimegegnern wie Berlin-Plötzensee.
Von diesen Orten des Terrors und der Mordorgien unterscheiden sich Hitlers verbliebene Tatorte „Wolfsschanze“ bei Rastenburg in den Masuren und der Obersalzberg. Das waren die Befehls- und Schaltzentralen des übelsten Schreibtischtäters der Geschichte, der nie seine gepflegten Finger mit Blut besudelte.
Von der „Wolfsschanze“ blieb ein zyklopischer Haufen von gesprengten Betonklötzen, auf denen Moos und Flechten wuchern: Beklemmende Düsternis in einem uferlosen Wald.
Der Obersalzberg hingegen ist ein rezivilisiertes Ferienparadies, weit entrückt den Verbrechen Hitlers. Das grandiose Umland verführt die Gedanken zu einer Potemkinschen Fassade, vor der ein eleganter Zivilist Damen die Hand küßte, Kinder herzte, Hunde und Rehe streichelte. Hier wurde niemand gefoltert, erwürgt, erdolcht, erschossen, vergast.
Der entscheidende Unterschied zwischen diesen beiden Bühnen des ruchlosesten aller Schreibtischtäter liegt freilich darin: In der „Wolfsschanze“ gedenkt man heute der Männer und Frauen jenes besseren Deutschlands, die am 20. Juli 1944 den Anschlag auf Hitler wagten und den Fehlschlag mit dem Leben büßten. In den Ruinen des Obersalzbergs aber streuen lernunwillige Altnazis und neubraune Antidemokraten dem Hochverräter an Deutschland immer noch Blumen - natürlich so inkognito, wie 1923 „Herr Wolf“ den Obersalzberg erstmals beglückt hatte.

Die rauchenden Trümmer des Berghofs nach dem Bombenangriff vom 25. April 1945. Sechs Jahre zuvor hatte Hittler nach seinen Erfolgen gegen Österreich, die Tschechoslowakei und Polen noch geprahlt und gedroht: „Wir haben immer Vabanque gespielt und werden immer Vabanque spielen. Zum Wohle des deutschen Volkes müssen wir alle 15 bis 20 Jahre nach Krieg streben.“ Bild: Archiv Dr. Feulner

Im Mai 1930 eröffnete die Post auf der bescheiden ausgebauten Straße von Berchtesgaden hinauf zum Obersalzberg eine Buslinie. Dagegen regte sich Widerstand: So ein Auto störe mit Lärm, Gestank und Staub ein großartiges Urlaubsland. Im Bild der Postbus von 1930 auf halber Höhe der Auffahrt zum Obersalzberg. Der dramatische Verlauf der Geschichte ab 1933 ließen von dieser Idylle lediglich die hochalpine Kulisse übrig. Bild: Archiv Dr. Feulner

Zur wirkungsvollen Selbstdarstellung überließ Hitler nichts dem Zufall. In unzähligen fotografischen Bildreihen posierte er nach Bedarf als selbstsicherer Führer (wie hier), als demagogischer Redner oder als gelassener Staatschef. Hitlers härteste Selbstdarstellung war jedoch das Wort, wie die Zitate auf den folgenden Seiten belegen. *Bild: Staatsarchiv*

Adolf Hitler beim Wort genommen

Politik, Macht und Gewalt

„Die Kunst wirklicher Volksverführer hat zu allen Zeiten darin bestanden, die Aufmerksamkeit des Volkes immer auf einen einzigen Gegner zu konzentrieren. (Dabei) zählt der Wahrheitsgehalt nicht gegenüber dem Erfolg." (Mein Kampf)

„Das deutsche Volk braucht einen Frieden, gestützt nicht durch die Palmwedel tränenreicher pazifistischer Klageweiber, sondern begründet durch das siegreiche Schwert eines die Welt in den Dienst einer höheren Kultur nehmenden Herrenvolkes." (Mein Kampf)

„Man kann verlorene Gebiete nicht durch die Zungenfertigkeit geschliffener parlamentarischer Mäuler zurückgewinnen, man hat sie durch ein geschliffenes Schwert zu erobern, also durch einen blutigen Kampf." (Mein Kampf)

„Wir müssen grausam sein. Wir müssen das gute Gewissen zur Grausamkeit wiedergewinnen. Nur so können wir unserem Volk die Gemütlichkeit und Dämmerschoppenseligkeit austreiben." (25. 8. 32)

„Wer sich uns in den Weg stellt, wird niedergemacht." (28. 2. 1933)

„Die Eroberung der Macht ist ein Vorgang, der nie, nie beendet wird. (Das bedarf der) fortgesetzten Erziehung und der Überwachung unseres Volkes." (21. 5. 35)

„Zur Lösung der deutschen Frage kann es nur den Weg der Gewalt geben, dieser kann niemals risikolos sein. Es ist mein unabänderlicher Entschluß, Österreich und die Tschechoslowakei blitzartig niederzuwerfen. Damit gewinnt das Reich die Ernährungsbasis für zusätzlich 12 Millionen Menschen, was die zwangsweise Emigration aus der Tschechei von zwei und aus Österreich von 1 Million Menschen voraussetzt." (5. 11. 37)

„Die Lösung politischer Probleme ist ohne Einbruch in fremde Staaten oder Angreifen fremden Eigentums nicht möglich." (23. 5. 39)

„Es ist unmöglich, alles, was uns fehlt, durch synthetische Verfahren selber herstellen zu wollen. Man muß das, was man nicht hat, erobern." (20. 6. 41)

„Es war immer meine Angewohnheit, das letzte Wort zu behalten. Und alle unsere Gegner können überzeugt sein: Das Deutschland von einst hat um dreiviertel zwölf die Waffen niedergelegt - ich höre grundsätzlich immer erst fünf Minuten nach zwölf auf!" (11. 11. 42)

Führerprinzip und Demokratie

„Ich führe die Bewegung allein und Bedingungen stellt mir niemand, solange ich persönlich die Verantwortung trage. Und ich trage die Verantwortung restlos für alles, was in der Bewegung vorfällt." (6. 3. 1925)

„Somit proklamiere ich jetzt für mich und meine Nachfolger in der Führung der Partei den Anspruch auf politische Unfehlbarkeit." (4. 6.30)

„Sie sehen hier eine Organisation, aufgebaut auf dem Gedanken einer absoluten Autorität der Führung auf allen Gebieten - die einzige Partei, die den demokratischen Gedanken restlos überwunden hat." (26. 2. 32)

„Jede Propaganda hat volkstümlich zu sein und ihr geistiges Niveau einzustellen nach der Aufnahmefähigkeit des Beschränktesten."(30.7.32)

„Die Gebote des Nationalsozialisten: Der Führer hat immer recht!.... Das Programm sei dir Dogma; es fordert von dir äußerste Hingabe an die Bewegung! ...Recht ist, was der Bewegung und damit Deutschland nützt!...Das Führerkorps ist für die restlose Durchdringung des deutschen Volkes im nationalsozialistischen Geist verantwortlich....Der Wille des Führers ist oberstes Gesetz der Partei.“ (Amtliches Parteihandbuch von 1936.)

„Das demokratische Parlament hat bloß der Jude eingeführt, der hat diese Idiotie sich ausgedacht!“ (30. 1. 37)

„Jede Institutuion dieses Reiches steht unter dem Befehl der obersten politischen Führung. Die Partei führt das Reich politisch, die Wehrmacht verteidigt es militärtisch. Es gibt niemanden an einer verantwortlichen Stelle in diesem Staat, der daran zweifelt, daß der autorisierte Führer dieses Reiches ich bin.“ (Hitler über Hitler am 20. 1938)

„Es ist ein Wahnsinn, sich heute einzubilden, politische Auffassungen müßten tolerant sein. Es gibt keine Toleranz in der Natur. Die Natur ist das Intoleranteste, was es überhaupt gibt.“ (26. 5. 44)

Krieg und Gewalt

„Jeder militärische Akt in Europa steht auch im Falle seines vollständigen Gelingens, gemessen an seinen Opfern, in keinem Verhältnis zum möglichen endgültigen Gewinn.“ (17. 5. 33)

„Ich stelle damit folgende Aufgaben: 1. Die deutsche Armee muß in vier Jahren einsatzfähig sein; 2. die deutsche Wirtschaft muß in vier Jahren kriegsfähig sein.“ (Geheimes Memorandum vom August 1936.)

„Die Umstände haben mich gezwungen, jahrzehntelang fast nur vom Frieden zu reden. Eine solche Friedenspropaganda kann nur zu leicht zur Auffassung führen, das heutige Regime wolle den Frieden unter allen Umständen bewahren.“ (10. 11. 1938)

„Wenn England den Krieg haben will, soll es ihn haben. Es wird ein Zerstörungskrieg werden, wie keine Phantasie ihn sich ausmalen kann.“ (19. 4. 39)

„Kriege werden immer beendigt nur durch Vernichtung des Gegners. Jeder, der anders denkt, ist unverantwortlich.“ (23. 11. 39)

„Kein Mensch fragt nach der Verletzung der Neutralität Belgiens und Hollands, wenn wir gesiegt haben.“ (23. 11. 39)

„Die Briten und Franzosen akzeptierten in München (Konferenz über die Abtretung der Sudentengebiete an Deutschland) alles: wie Schwächlinge gaben sie meinen allgemeinen Forderungen nach. Unter solchen Voraussetzungen war es tatsächlich schwierig, einen Krieg vom Zaun zu brechen.“ (21. 2. 45)

Osten und Lebensraum

„Wir stoppen den ewigen Germanenzug nach dem Süden und Westen Europas und weisen den Blick nach dem Land im Osten. Wenn wir von neuem Grund und Boden reden, können wir nur an Rußland und die ihm untertanen Randstaaten denken. Aber vorher ist es nötig, Frankreich zu vernichten.“ (Mein Kampf)

„Man vergesse doch nie, daß die Regenten des heutigen Rußlands blutbefleckte, gemeine Verbrecher sind, ein Abschaum der Menschheit, der Millionen seiner führenden Intelligenz in wilder Blutgier ausrottete und das grausamste Tyrannenregiment aller Zeiten ausübt. Diese Machthaber gehören einem Volk an, das in seltener Mischung bestialische Grausamkeit mit unfaßlicher Lügenkunst verbindet.“ (Mein Kampf)

„Der Krieg ist nur weiterzuführen, wenn die gesamte Wehrmacht im dritten Kriegsjahr (= ab 1943) aus Rußland ernährt wird. Hierbei werden zweifellos -zig Millionen Menschen verhungern, wenn von uns das für uns Notwendige aus dem Lande herausgeholt wird.“ (2. 5. 41)

„Wir werden also wieder betonen,daß wir (nach dem Überfall auf die UdSSR) gezwungen waren, ein Gebiet zu besetzen, zu ordnen und zu sichern. Alle notwendigen Maßnahmen, Erschießen, Aussiedeln etc. - tun wir trotzdem. Grundsätzlich kommt es darauf an, den riesenhaften Kuchen (= UdSSR) handgerecht zu zerlegen, damit wir ihn erstens beherrschen, zweitens verwalten und drittens ausbeuten können. Der Partisanen-Krieg hat auch wieder seinen Vorteil: er gibt uns die Möglichkeit, auszurotten, was sich gegen uns stellt." (16. 7. 41)

„Der Kampf um die Hegemonie in der Welt wird für Europa durch den Besitz des russischen Raumes entschieden; er macht Europa zum blockadefestesten Ort der Welt." (18. 9. 41)

„Stalin ist einer der größten lebenden Menschen, da es ihm durch härtesten Zwang gelungen ist, aus dieser slawischen Kaninchenfamilie einen Staat zu schmieden." (23. 9. 41)

„Es gibt (im Osten) nur eine Aufgabe: eine Germanisierung durch Hereinnahme der Deutschen vorzunehmen und die Ureinwohner als Indinaner zu betrachten. Den destruktiven Juden setzen wir ganz hinaus." (17. 10. 41)

„Rußland ist zweifellos das reichste Land der Erde. Außerdem steht Rußland der wichtigste Rohstoff zur Verfügung: der Mensch. Die Ukraine ist Europas Indien" (gemeint als britische Kolonie). (10. 12. 41)

„Aus dem Osten bringt uns kein Mensch mehr heraus! Wir hatten ein Kali-Monopol. Wir kriegen jetzt dazu ein Brot-Monopol, Kohle, Eisen, Holz." (4. 2.42)

Zwangsarbeiter

„Wir werden in den besetzten Gebieten, die wir zur Zeit beherrschen und die mehr als 250.000 Menschen enthalten, auch den letzten Mann für uns arbeiten lassen." (9.11.41)

Im Auftrag Hitlers wurde am 18. 9. 42 eine neue Art von Arbeitsbeschaffung vereinbart: „Auslieferung asozialer Elemente aus dem Strafvollzug an den Reichsführer SS zur Vernichtung durch Arbeit. Es werden restlos ausgeliefert die Sicherungsverwahrten (=KZ-Häftlinge; d. A.), Juden, Zigeuner, Russen und Ukrainer, Polen über 3 Jahre Strafe, Tschechen oder Deutsche über 8 Jahre Strafe."

„Ob die anderen Völker in Wohlstand leben oder ob sie verrecken vor Hunger, das interessiert mich nur insoweit, als wir sie als Sklaven für unsere Kultur brauchen. Ob beim Bau eines Panzergrabens 10.000 russische Weiber an Entkräftung umfallen, interssiert mich nur insoweilt, als der Panzergraben für Deutschland fertig wird." (Himmler unter Berufung auf den Willen des Führers am 4. 10. 43 in Posen.)

Politische Aktionen in Europa

„Ich bin für Europa die letzte Chance! Das neue Europa wird nicht durch parlamentarische Abstimmungen, auch nicht durch Diskussionen und Resolutionen, sondern allein mit Gewalt erzwungen." (26. 2. 45)

„Hätten doch die Italiener ihre Pfoten aus diesem Krieg gelassen! Italiens Kriegseintritt führte fast automatisch zu den ersten Siegen unserer Gegner. Wir haben alles zu verlieren, aber nichts zu gewinnen, wenn wir uns an Schwächlinge binden, die bereits früher Proben ihres Wankelmutes geliefert haben. Bei den romanischen Völkern paart sich effektive Ohnmacht mit lächerlicher Anmaßung." (17. 2. 45)

„Die Aufrüstung ist so gut wie beendet, daher bin ich entschlossen, beginnend mit einem blitzartig schnellen Angriff auf Österreich und die Tschechoslowakei mit Gewalt einen größeren Lebensraum für die Deutschen zu sichern." (5. 11. 37)

„Es ist mein unabänderlicher Entschluß, die Tschecholsowakei in absehbarer Zeit durch eine militärisch Aktion zu zerschlagen." (Erlaß Hitlers vom 30. 5. 38.)

Hitler am 26. 9. 38 zu den Verhandlungen mit Chamberlain über den Anschluß der Sudetengebiete: „Ich habe ihm versichert, daß das deutsche Volk nichts anderes will als Frieden. Ich habe ihm weiter versichert und wiederhole es hier, daß es, wenn dieses Problem gelöst ist, für Deutschland in Europa kein territoriales Problem mehr gibt (und daß) ich dann am tschechischen Staat nicht mehr interessiert bin! Und das wird ihm garantiert! Wir wollen gar keine Tschechen!"

„Die Absicht eines Angriffs von seiten Deutschlands auf Polen ist nur eine von der internationalen Presse erfundene Lüge." (28. 4. 39)

Am 22. 8. 39 vor Armeeführern zum bevorstehen den Angriff auf Polen: „Ich werde den propagandistischen Anlaß zur Auslösung des Krieges geben, gleichgültig, ob glaubhaft. Der Sieger wird später nicht danach gefragt, ob er die Wahrheit gesagt hat oder nicht. Bei Beginn und Führung eines Krieges kommt es nicht auf das Recht an, sondern auf den Sieg. Herz verschließen gegen Mitleid, brutales Vorgehen, größte Härte! Der Stärkere hat das Recht." (Den Anlaß bot die „Operation Tannenberg", der von der SS mit ermordeten KZlern inszenierte „polnische Überfall" auf den Sender Gleiwitz.)

„Deutschland hat Belgien und Holland feierlich versichert, daß es bereit ist, diese Staaten jederzeit als unantastbare neutrale Gebiete anzuerkennen und zu garantieren." (30. 1. 37)

„Die holländischen und belgischen Luftstützpunkte müssen militärisch besetzt werden. Auf Neutralitätserklärungen kann nichts gegeben werden." (23. 5. 39)

Überfall auf Holland, Belgien und Luxemburg am 10. 5. 40 unter dem Vorwand, gegen Angriffspläne Frankreichs und Englands „die Neutralität der drei genannten Länder mit Waffengewalt sicherzustellen".

Verträge und Völkerrecht

„Ein Bündnis, dessen Ziel nicht die Absicht zu einem Kriege umfaßt, ist sinn- und wertlos." (Mein Kampf)

„Zweierlei Dinge vermögen die Menschen zu vereinigen: gemeinsame Ideale, gemeinsame Gaunerei." (1. 8. 23)

„Namens der nationalen Regierung und der gesamten nationalen Erhebung möchte ich bekunden, daß gerade uns das tiefste Verständnis beseelt für die gleichen Gefühle und begründeten Lebensansprüche der anderen Völker. Ich habe nicht die Absicht, diejenigen zu germanisieren, die keine Deutschen sind, und respektiere die Rechte anderer Völker." (17. 5. 33)

„Die deutsche Reichsregierung wird jeden freiwillig unterzeichneten Vertrag peinlich einhalten." (21. 5. 35) Trotzdem hat Hitler-Deutschland ab 1933 84 internationale Verträge gebrochen.

„Anzustreben bleibt, dem Gegner zu Kriegsbeginn einen oder den vernichtenden Schlag beizubringen. Hierbei spielen Erwägungen über Recht und Unrecht oder über Vertäge keine Rolle." (23. 5. 39)

„Verträge sind nur so lange einzuhalten, als sie einen Zweck erfüllen." (16. 7. 40.)

Rassismus und Juden

„Der Jude ist das Ebenbild des Teufels, das Judentum bedeutet Rassetuberkulose der Völker." (März 1923)

„Was wir heute an menschlicher Kultur vor uns sehen, ist nahezu ausschließlich schöpferisches Produkt des Ariers, (der) allein der Begründer höheren Menschentums überhaupt war, mithin der Urtyp dessen, was wir unter dem Worte `Mensch´ verstehen." (Mein Kampf)

„Den gewaltigsten Gegensatz zum Arier bildet der Jude, (der) Parasit im Körper anderer Völker. Die Herrschaft des Minderwertigen - dieses aber ist der Jude." (Mein Kampf)

„Hätte man während des Krieges 1914-1918 einmal zwölf- oder fünfzehntausend dieser hebräischen Volksverderber so unter Giftgas gehalten wie Hunderttausende unserer allerbesten Arbeiter im Felde, dann wäre das Millionenopfer an der Front nicht vergeblich gewesen: Zwölftausend Schurken zur rechten Zeit beseitigt, hätte vielleicht einer Million wertvoller Deutscher das Leben gerettet." (Mein Kampf)

„Die Spanne, die zwischen dem niedersten noch so genannten Menschen und unseren höchsten Rassen liegt, ist größer als die zwischen dem tiefsten Menschen und dem höchsten Affen." (Reichsparteitag 1933)

„Die Entdeckung des jüdischen Virus ist eine der größten Revolutionen.Wir werden die Gesundheit nur wiedererlangen, wenn wir den Juden ausrotten. Ich fühle mich wie ein Robert Koch der Politik, ich habe die Juden als Bazillus entlarvt, der die Gesellschaft zersetzt." (16. 4. 41)

„Der Soldat ist im Ostraum nicht nur ein Kämpfer nach den Regeln der Kriegskunst, sondern auch Träger einer unerbittlichen völkischen Idee und ein Rächer für alle Bestialitäten, die deutschem Volkstum zugefügt wurden. Deshalb muß der Soldat für die Notwendigkeit der harten, aber gerechten Sühne am jüdischen Untermenschentum volles Verständnis haben." (Tagesbefehl des Generalfeldmarschalls von Reichenau am 10. 10. 1941, von Hitler für „ausgezeichnet" befunden und auf alle Ostheere ausgedehnt.)

Hitler lobte auch den Tagesbefehl des Generalfeldmarschalls von Manstein vom 20. 11. 1941: „Das Judentum bildet weiter die Zelle für alle Unruhen und möglichen Erhebungen. Das jüdisch-bolschewistische System muß ein für allemal ausgerottet werden."

Aus dem Protokoll einer Besprechung bei Hitler im August 1942 über die „Endlösung der Judenfrage". Dabei erklärt der Buchhalter der „Endlösung" in Polen, der frühere Wiener Gauleiter und SS-Führer Odilo Globocnik, zum Vergraben der massenhaft ermordeten Juden: „Meine Herren, wenn je nach uns eine Generation kommen sollte, die so schlapp und so knochenweich ist, daß sie unsere große Aufgabe (= Judenvernichtung; d. A.) nicht versteht, dann ist der ganze Nationalsozialismus umsonst gewesen. Ich bin im Gegenteil der Ansicht, daß man Bronzetafeln versenken sollte, auf denen festgehalten ist, daß wir den Mut gehabt haben, dieses große und notwendige Werk durchzuführen." Darauf der Führer: „Gut Globocnik, das ist allerdings auch meine Ansicht!"

„Dieser Kampf (Zweiter Weltkrieg; d. A.) wird deshalb auch nicht mit der Vernichtung der arischen Menschheit, sondern mit der Ausrottung des Judentums in Europa sein Ende finden. Wir werden die Gesundheit nur erlangen, wenn wir den Juden ausrotten." (24. 2. 43)

„Der Nationalsozialismus trieb die Juden aus, um den deutschen Lebensraum vom jüdischen Gift zu säubern. Dies war eine lebensnotendige Entgiftungskur. Ich habe die Juden mit ihren vorspringenden Nasen und mit den vom Laster gekennzeichneten Nüstern nicht im Ungewissen gelassen, daß dieses Ungeziefer in Europa endgültig ausgerottet wird." (3. 2. 45)

„In einer moralisch mehr und mehr durch das jüdische Gift verseuchten Welt wird man dem Nationalsozialismus ewig dafür dankbar sein, daß ich die Juden in Mitteleuropa ausgerottet habe." (2. 4. 45)

Literatur zum Thema Hitler

Aus dem riesigen Angebot an Büchern über Hitler und den Nationalsozialismus sind diese grundlegenden und weiterführenden Werke (zumal als preiswerte Taschenbuchausgaben) sehr zu empfehlen:

Broszat M. „Die Machtergreifung", dtv Taschenbuch (Nr. 4516), 1984

Buchheim/Broszat/Jacobsen „Anatomie des SS-Staates", dtv Taschenbuch (Nr. 4634), 1994

Bracher/Funke/Jacobsen „Nationalsozialistische Diktatur 1933-1945", Frankfurt 1979

Chaussy U. „Nachbar Hitler, Führerkult und Heimatzerstörung am Obersalzberg", München 1995

Fest J. C. „Hitler, eine Biographie", Ullstein Taschenbuch (Nr. 33087), 1987

Haffner S. „Anmerkungen zu Hitler", Hamburg 1981

Höhne H. „Der Orden unter dem Totenkopf, die Geschichte der SS", (Taschenbuch) Frankfurt 1991

Huber K.-H. „Jugend unterm Hakenkreuz", Ullstein Taschenbuch (Nr. 33072), 1986

Joachimsthaler A. „Hitler in München 1908-1920", Ullstein Taschenbuch (Nr. 33152), 1992

Jochmann W. „Hitlers Monologe im Führerhauptquartier 1941-1944", Heyne Taschenbuch (Nr. 6097), 1980

Kogon E. „Der SS-Staat", Heyne Taschenbuch (Nr. 9), 1988

Krausnick/Wilhelm „Hitlers Einsatzgruppen - Die Truppe des Weltanschauungskrieges", Fischer Taschenbuch (Nr. 4344), 1989

Lang J.v. „Der Sekretär" (Bormann-Biographie), Taschenbuch, München 1987

Longerich P. „Die braunen Bataillone, Geschichte der SA", München 1989

Müller K.-J. „Der deutsche Widerstand 1933-1945", Paderborn 1986

Overy R. J. „Hermann Göring - Machtgier und Eitelkeit", Heyne Taschenbuch (Nr. 137), 1986

Picker H. „Hitlers Tischgespräche im Führerhauptquartier 1941/42", Goldmann Taschenbuch (Nr. 11234), 1979

Pool J. & S „Hitlers Wegbereiter zur Macht", Bern 1979

Reuth R. G. „Goebbels - eine Biographie", Piper Taschenbuch (Nr. 2023), 1995

Smelser/Zitelmann „Die braune Elite" (22 Biographien), Darmstadt 1989

Speer A. „Der Sklavenstaat, meine Auseinandersetzung mit der SS", Ullstein Taschenbuch (Nr. 33041), 1984